Das Buch

Wie lebt man als »später« Vater nach dem Abschied von der großstädtischen konkurrenz- und streßbestimmten Medienwelt in der ländlichen Idylle zwischen Mittelohrentzündung, Schaukelschubsen und Wollmäusebekämpfung? Wie meistert der Hausmann sein Dilemma – als Vater die Mutterrolle zu übernehmen, als erfolgsverwöhnter Medienmensch plötzlich Anerkennung im Lächeln eines Kindes zu suchen? Seßhaft, häuslich, regelmäßig – so wird das Leben des Journalisten Rüdiger Dilloo, als 1987 Tochter Lea in sein Leben tritt. Mama macht Karriere als Journalistin in München, Vater und Kind leben im Chiemgau auf dem Land. Rüdiger Dilloo schildert seine ersten sechs Jahre als Hausmann und Tochtervater: Geschichten aus dem Alltag einer untypischen Familie.

Der Autor

Rüdiger Dilloo wurde 1941 in Garmisch geboren. Er arbeitete als Redakteur für ›Die Welt‹, ›Twen‹ und ›Die Zeit‹. Ende der siebziger Jahre zog er aufs Land und lebt seitdem als Kleinbauer, Alphirt und Musiker und verfaßt autobiographische Serien für ›Die Zeit‹.

Rüdiger Dilloo

Hausmanns Dilemma

Geschichten aus
einer untypischen Familie

Illustrationen von
Jean-Christian Knaff

Deutscher Taschenbuch Verlag

Ungekürzte Ausgabe
Juni 1996
Deutscher Taschenbuch Verlag GmbH & Co. KG,
München

ISBN 3-455-08521-0
Umschlagbild: Jean-Christian Knaff
Satz: Dörlemann Satz, Lemförde
Lithografie: C. Kruse
Druckformdienst GmbH, Norderstedt
Gedruckt auf säurefreiem, chlorfrei gebleichtem Papier
Druck und Bindung: Friedrich Pustet, Regensburg
Printed in Germany · ISBN 3-423-12192-0

INHALT

VORWORT

Die Welt des Büchermachens, der konkurrierenden Verlage ist verwirrend für den Neuling, und wenn der Verfasser des vorliegenden Bändchens nicht Lea gehabt hätte, seine knapp sechsjährige pragmatisch denkende Tochter, die nach einer Anzahl von Offerten eines Tages entschieden hat: »Gell Papa, wir machen das Buch bei HoCa, weil die am meisten zahl'n«, dann wüßte er womöglich heute noch nicht, wo ihm der Kopf steht. »HoCa«: Vielleicht war es auch die branchenübliche Abkürzung des Verlagsnamens Hoffmann und Campe, die bei Lea den Ausschlag gab. Sie liebt solche Wort- und Buchstabenspiele, die ihr wohl schon jetzt im Vorschulalter ein frühes Gefühl von Sprachmacht geben. Könnten also vorzüglich die Verlage Hanser und Piper sich zur Fusion entschließen (»HaPi«), sie hätten beste Chancen, was Leas nächstes Buch betrifft. Schon wegen der Nähe zu Papi und Chappi. Aber dies mehr am Rande.

Ohne Lea jedenfalls gäbe es dies alles nicht: Den Hausmann. Die Liebe, den Frust. Das Dilemma. Die Kolumne im »ZEITmagazin«, aus der das Buch entstanden ist. Ein boshafter Mensch, Journalist natürlich, hat dem Verfasser gar unterstellt, er sei wohl Vater geworden, damit er diese Geschichten schreiben könne? Solchen Unsinn ignorieren wir gar nicht, gell Lea? Richtig ist aber, daß das Schreiben übers Hausmannsleben dessen naturbedingte Enge ein wenig erweitert, wohltuende Bezüge zur Außenwelt mit sich gebracht hat.

Manchmal beim Schreiben hat sich der Verfasser mit den Bauern verglichen, die um ihn herum im Chiemgauer Grünland beim »Eingrasen« ihre Kinder auf dem Traktor mitnehmen. Eine Arbeit zu tun wie Bauern, wie Hausfrauen, an der die eigenen Kinder direkt teilhaben können, weil Wohn- und Arbeitsplatz ein und dasselbe sind, schafft eine unvergleichliche Nähe und ist ein Privileg. Es muß als solches nur wahrgenommen werden. Das freilich ist schwierig; denn Kinder stören ja auch bei der Arbeit, zumal des Kopfes. Setzen sich einem garantiert im Moment der Gedankenfindung ganz selbstverständlich auf den Schoß, ihr Gesicht zwanzig Zentimeter vom eigenen entfernt, und ihr feuchter, warmer Atem bläst einem durch Mund und Nase ins Gehirn, bis es leer ist.

Deshalb hat der Verfasser paradoxerweise nicht nur Lea zu danken für ihr Dasein und Nahsein, sondern auch allen, die sie zeitweise fern von ihm hielten. Womit wir mitten im Dilemma wären. Zum Beispiel kommt sie jetzt gleich heim vom Kindergarten. Der Verfasser sollte was kochen.

ICH HÄNG' AN MEINER SCHÜRZE

Auch ein Mann kann sich an Heim
und Kind gewöhnen – sogar bestens.
Um so größer der Schreck, wenn
das Glück am Herd bedroht scheint

An einem schönen Freitagabend kam die Mutter meines Kindes wie gewohnt zum Wochenende nach Hause und erschütterte mit zwei kleinen Wörtern den Tisch, den ich mit farbigen Platzmättchen und leinenen Servietten und Kerzen und Blumensträußchen für uns drei, so, wie sie's gern mag, gedeckt hatte, erschütterte die Küche, daß die Pellkartoffelschalen platzten und das Käseomelett stockte, ließ das ganze Bauernhaus, den Weiler, das nordöstliche Voralpenland bis hin zum unruhig sich kräuselnden Chiemsee erbeben, dito mich mit jener adstringierenden Wirkung vom Nabel abwärts, die höchste Gefahr im Manne schon zur Zeit seiner Kämpfe mit dem Säbelzahntiger ausgelöst haben muß. »Ich kündige«, sagte Barbara und schmiß ihr Jackett auf die Küchenbank. Ich band die Schürze ab und schenkte Wein und Saft ein, um Fassung ringend.

»Trink erst mal 'nen Schluck«, sagte ich; meine Gedanken rasten. Würde jetzt alles aus sein? Finito? Vorbei die geruhsamen Vormittage, allein zu Haus mit

dem Hund, dem Herd, der Couch und der Zeitung? Die verspielten, verschmusten, verplemperten Nachmittage zusammen mit dem Kind? Die langen Abende vor dem Fernseher, einsam und schön, das ganze gemütliche Leben? Alles vorbei jetzt?

Ich will es nun nicht zu spannend machen. Barbara wurde links von Lea, rechts von Lilli angesprungen. Während sie schreiend ihre Anzughose säuberte, fiel das Omelett zusammen, und generell ging das Leben weiter wie jeden Freitagabend. Aber als sie dann mit Lea oben war und der Hund wieder unter der Bank lag, da erschrak ich beim Abspülen doch über mich selbst. In wenigen Jahren Hausmannsdasein war ich also dermaßen ängstlich geworden. Finanzielle Sicherheit, familiärer Status quo: meine höchsten Werte! War das hormonell bedingt? Die Östrogene? Ich hatte schon seit einiger Zeit diese Tendenz zum mütterlichen Hüftspeck an mir bemerkt.

Aber daß sich die häusliche Tüttelei auch geistig so verfettend auswirkte! Da hatte doch mal einer, der jetzt schon beim bloßen Wörtchen Kündigung erschrak, lauthals die Aussteigerarie gesungen, von der herrlichen Freiheit des Landkommunarden, des Hochalpenhirten und freischwimmenden Gebirgsfisches geharft und trompetet. Was sang er jetzt? Die Schinkennudelpolka, den Pommesblues, brummte zufrieden seinen Teil des millionenstimmigen Endloskanons vom täglichen Kreislauf der Mahlzeiten, Einkäufe, Koch-, Wasch-, Spül- und Spielverrichtungen, Refrain: Uns geht's gut, so soll es bleiben / Ex-pe-ri-mente außen vor.

Auf einmal schien mir das alles sehr bedenklich. Wie konnte es dahin kommen?

Wir waren späte Eltern bei Leas Geburt, zusammen um die achtzig. Wir kannten uns seit eineinhalb Jahren. Es war für uns beide das erste Kind, und es paßte alles sehr schön zusammen. Die Mutter wollte sechs Monate zu Hause bleiben, dann wieder zurück zu Beruf und Karriere in der Stadt. Der Vater wollte dort sicher nicht wieder hin. Nach luftigen Jahren konnte er sich aber Bindung an Kind und Haus jetzt vorstellen, behauptete das jedenfalls, ohne lange nachzudenken. Bis zur Lebensmitte hatte dieser werdende Vater vom Vaterwerden oft erklärtermaßen nichts wissen wollen (und dankte im stillen häufig der verhütenden Vorsehung, das heißt den vorsehenden Verhüterinnen, die ihm, und sich, und den Kindern, ungewollte Vaterschaft erspart hatten).

Erst jenseits der angestellten Existenz im Großstadtbüro wurde das anders. In der Landkommune, wo für uns kleinbäuerliche Selbstversorger Wohnstätte und Arbeitsplatz ein und dasselbe waren, wo wir, auch wenn's heute kitschig klingt, säten und ernteten und der Kuh beim Kalben halfen, wo neben bullernden Zimmeröfen kurz nacheinander zwei Babys geboren wurden, erst da und dann hatte der alte Neinsager eines Nachts etwas durchs Heu zu seinem Schlafplatz rascheln und wispern gehört: »Ich bin dein Kinderwunsch, verstehst?«

Es vergingen aber noch ein paar Jahre, bis er sich materialisierte. Da war dann, darf ich das noch erzählen, diese Hochzeit, wo ich mit dem Jazzquintett spielte und *sie* sah; sie saß da so ... unvergleichlich. Aber ich mußte spielen, viel zu lange spielen, war bei »*Lullaby Of Birdland*« plötzlich in »*Ain't She Sweet*«, empfand »*Shadow Of Your Smile*« gitarristisch so tief, daß die Sängerin stutzte, verstieg mich schließlich dazu, persönlich singend »*Misty*« zu ruinieren: »*Look at me, I'm as helpless as a kitten up a tree ...*«

Es war, so läßt sich sagen, der Beginn einer fruchtbaren Freundschaft.

Ich höre jetzt, wie Barbara oben im Kinderzimmer das Babyphon einschaltet. (Eine fabelhafte Erfindung: Sender beim Kind übermittelt Geräusche zum Empfänger bei den Eltern.) Gleich wird sie herunterkommen. Inzwischen ist mir alles klar. Ich weiß jetzt, was ich tun muß. Die Aussicht auf Veränderung des familiären Status quo kann und darf mich nicht erschrekken. Was immer die Ernährerin der Familie vorhat, der Hausmann wird es mit ihr tragen. »Kündige!«, werde ich ihr optimistisch entgegenrufen, wenn die Tür aufgeht.

SESSHAFT, HÄUSLICH, REGELMÄSSIG

Eine Handvoll nackte Hilflosigkeit: Lea ist geboren, und mir wächst ein Busen

Diese Zeilen schreibe ich am sogenannten Vatertag (die Mutter ist mit dem Kind im Biergarten) und stelle deshalb heute mal die Frage: Wie geht es anderen Männern, die lange Zeit mit wechselnden Lebensabschnittsgefährtinnen ihre Tage und Nächte verbracht haben, freizügig, kinderlos, und dann von einer Wehe auf die andere Vater geworden sind? Ich meine jetzt nicht so sehr die Geburt; daß man heute im Kreißsaal, Kreißzimmer, ja sogar im Kreißbett absolut voll dabei ist, das versteht sich, das wissen wir, und es ist nur zu begrüßen, daß seit der aktiven Teilnahme der Väter die Rolle der Mütter bei der Geburt etwas weniger überschätzt wird.

Nein, ich meine nach dem Gebären: Wie war es, Jungs? Wie ging es weiter, meine Herrn? Sie durften, sollten die Nabelschnur durchschneiden? Ja, ich auch, das war schon was, nicht wahr, mit dieser beunruhigend normalen Schere in diesen warmen, knorpeligen, unerhörten Nährschlauch hineinzuschneiden, nur zu!, sagte die Hebamme, Sie müssen schon richtig drücken.

Und schnapp, Blut spritzte erschreckend, die Frauen lachten fröhlich. Ab war der bindende Strang. Getrennt das Kind von der Mutter.

Jetzt, meine Herrn, in dem Moment wurden wir Vater, nicht wahr? Wäre jetzt – Gott behüte! – die Mutter verblutet, wie früher nicht so selten, wir wären drangewesen: mit zwei Handvoll nackter Hilflosigkeit. Heute ist das ja so, den Menschensäugling können wir Männer nach der Geburt ernähren und versorgen, als wären wir Frauen, Mütter ohne Busen, sozusagen. Wir haben Milupahippalete; wenn wir auch noch Liebe dafür haben, fehlt dem Baby in Vaters Armen nichts. Mutterschaft und Vaterschaft gleichen sich an. Oder?

Daß uns übrigens allmählich ein Busen wachsen würde, halte ich nicht für ausgeschlossen. Nach fünf Jahren zwischen Küche und Kinderzimmer, ich sagte es bereits, bemerke ich diese Rundungen an mir, diese Weichheiten. Alte Bekannte behaupten, ich sähe meiner Mutter immer ähnlicher. Und meiner Schwester! Gewisse neue, androgyne Lüste streunen unaufgefordert in mein Phantasieleben. Nicht uninteressant, das alles; ich komme vermutlich darauf zurück.

Die Phase postnataler Euphorie (PNE), wie wir Experten das nennen, dauerte in meinem Fall exakt vier Tage, so lange wie Barbaras Wochenbett in der Großstadtklinik. Tagsüber war ich dort bei der glücklichen Mutter, dem schlafenden Kind, das manchmal niedlich schmatzte. Abends – in den Kneipen! In allen Jazzlokalen der Stadt, hochfliegend, unbesiegbar, doppelt groß.

Die PNE fand ihr jähes Ende mit unserer Ankunft

selbdritt zu Hause im reizend abseits gelegenen Voralpenweiler Schloapfading. Binnen Tagen verwandelte sich unser Liebesnest im Bauernhaus in eine Art begehbaren, total überheizten Windeleimer, und es begann, was unter uns Fachleuten als postnatale Depression (PND) bekannt ist. Sie dauerte etwas länger als Phase eins, insgesamt etwa drei Jahre.

Mein Problem war nicht so sehr das Baby, sondern die neue Lebensweise: seßhaft, häuslich, regelmäßig. Barbara ging wie vereinbart nach einem halben Jahr Mutterschaftsurlaub wieder ihrer Karriere in der Großstadt nach, wo sie die Woche über auch wohnt; ich versank in Schwermut und Hausmannspflichten. Abhauen? Kam ernsthaft nie in Frage. Da war dieser Durchhaltewille wie früher zu Anfang anderer schwieriger, aber selbstgewählter Aufgaben (Zeitungsredakteur; Kuhhirt). Eine Frage der Selbstachtung.

Aber ich gestehe heute, daß mich zu jener Zeit des öfteren folgende Phantasie beschäftigt hat: Bei einer ihrer vielen Flugreisen verunglückt die Ernährerin der Familie. Ich denke, viele Menschen, besonders Frauen, kennen diese Angst. Sofort nach der Trauer vermiete ich das Haus, lasse mir einen raffinierten High-Tech-Rucksack mit Titan-Traggestell, Goretex-Überzug und daunengefüttertem Extrafach fürs Kind spezialanfertigen, investiere den Rest meines Geldes in ultrawarme Kleinkindkleidung sowie erstklassige Trockennahrung und gehe mit Lea in die Berge. Setze mein Wanderleben fort. Mit Kind jetzt, aber wieder frei und schweifend.

Nun gut, das gab sich. Es folgte nach den paar deprimierten Jährchen jene wunderbare Zeit, die wir Fachleute gern als postnatale Akzeptanz (PNA) bezeichnen. Ich lernte Vaterschaft, auch Hausmannschaft zu genießen. Die innige Nähe zu dem kleinen Mädchen, diese so ganz andere Liebesbeziehung entschädigte mich zumindest teilweise für Langeweile und Isolation des grünen Witwers. Außerdem, sehr wichtig, hatte ich die Wochenenden, wenn ich wollte, für mich. Barbara ist nur vier Tage der Woche weg, und zu Hause muß diese Profifrau sich nicht gestreßt vom harten Berufsleben und Geldanschaffen erholen, sondern ist (*thank you, baby!*) ganz da für Haushalt und Kind.

So haben wir drei es richtig gut miteinander. Unberufen! Neuerdings, seit Barbara erwägt, zugunsten ihrer Karriere Job (und Wohnort?) zu wechseln, kommt zur Harmonie sogar wieder Spannung.

DILEMMA MACHEN MÄH

Gespräche beim Mittagessen: Wie Lea ihrem Vater eine Lektion erteilt

Mittags in der Junisonne kommt Lea den staubigen Weg von der Straße zum Haus gewackelt, heim vom Kindergarten, und singt sich ein Liedchen, das geht so (*con brio*, vier Viertel mit Auftakt): »Yippie yeh yeh yeh, unsre Heckenrosen blühn/Yippie yeh yeh yeh, unsre Heckenrosen blühn/Yippie yeh yeh yeh ...« (Wiederholen *ad libitum*; ich widerstehe der Versuchung, mit dieser objektiv genialen Zeile die ganze Geschichte zu füllen.) Singend geht sie draußen an den Küchenfenstern vorbei: Kindergartentäschchen umgehängt, zwei gerollte Zeichnungen und eine Bastelei und ein Rindenstück und eine Lichtnelke in den Händen, die gelben Leggings grau an den Knien, der lila Pulli bekleckert. Wie immer hat sich die Frisur, die ich ihr morgens hingefummelt habe, zu großen Teilen aufgelöst; an diesen unbändigen Blondhaarsträhnen seitlich um ihr Gesicht sehe ich schon, wenn sie eine Frau geworden sein wird, die verliebten Augen ihrer Männer hängen.

Gut geht's dem Kind heute, wie schön! Wenn ich mittags so auf sie warte, irgend etwas kochend, bin ich leise angespannt: Ist sie gut drauf, nach dem langen Vormittag außerhalb meiner Obhut? Oder motzt sie gleich mal als erstes? Ist der Husten schlimmer geworden? Die Bruthenne in mir, gluckgluckgluck, Superprotecta, möchte dem Biberl immer am liebsten entgegenflattern. Der rationale Vater aber reißt sich zusammen: Stell dich nicht an, das Kind ist fünf Jahre alt, bloß nicht übertrieben behüten. Also harre ich am Schneidbrett bei den Zucchini, bis sie rumpelnd die Haustür aufstößt.

Nicht lange her, da ließ sie in diesem Moment des Heimkommens einen wohl mühsam gestauten Schmerz so brüllend laut heraus, daß ich erschrocken aus der Küche stürzte. Sie wand sich und krümmte sich. Ohrenschmerzen! Sie weinte und schrie. Es war ziemlich furchtbar. (Ziemlich banal auch, mögen erfahrenere Eltern sagen.) Ich unterdrückte eigene Panik. Barbara anrufen? Daß der Gedanke daherschlich, ärgerte mich. Nichts da, Hausmann! Laß die Mutter in Ruhe beim Geldverdienen, das hier ist dein Job!

An Essen war nicht zu denken, Lea wollte sich hinlegen. Wir holten unser Gesundheitsbuch, schauten detailfreudige Farbphotos von anderen leidenden Kindern an, Mumps, Masern, Leistenbruch, schauerlich, aber irgendwie beruhigend. »Notfallhilfe bei Ohrenschmerzen«, las ich dann vor. »Kleingehackte Zwiebel in einem Tuch aufs Ohr legen und mit Schal fest um den Kopf binden, sollen wir das mal machen, ja?« – Wimmer, wimmer.

Eine Viertelstunde später war Lea, die Zwiebeln am

Ohr, fest eingeschlafen. Verschmiert von Tränen, leise röchelnd. Nicht daß ich nun neben ihr auf der Couch regelrecht gebetet hätte. Ich las die Zeitung. Aber als sie nach zwei Stunden aufwachte, wohlgelaunt, schmerzfrei, fröhlich sich wundernd über den klebrigen Ausfluß aus ihrem Ohr, als ohne Arzt und ohne Mama eine simple Zwiebel und ein gutes Buch (»Kindersprechstunde«, Verlag Urachhaus) unsere Welt wieder heil gemacht hatten, da war meine Dankbarkeit schon irgendwie, fast, beinah ... religiös.

Wir sitzen jetzt beim Essen. Das Mischgemüse schmeckt ihr, Kaufrequenz etwa vier Schmatzer pro Sekunde. Das Tischgespräch beginnt mit ihrer Frage, was die Schreibmaschine auf dem Wohnzimmertisch soll, und ich versuche, ihr unter anderem »Dilemma« zu erklären. »Weiß ich doch!« herrscht sie mich an. Dilemma sind wollig und machen mäh, das ist doch klar. Dann fällt ihr ein besseres Thema ein, sie strahlt mich an: »Papa, heut bin ich in die Prügelfalle gekommen!« – »In die was?« (O Gott!) – »Ja, die Buben haben mich da durchgeprügelt, aber ich hab' dem Peter mit dem Fuß eins in die Eier gedrescht!« Kind lacht freudevoll, Papa guckt verlegen. (Soll man den Perfekt berichtigen?)

Aggressive Kinderspiele sind nicht unbedingt negativ, hatte neulich beim Elternabend Frau Schmittl uns belehrt. Das »Kroatienspiel« (!) könne sich in ein Krankenhausspiel verwandeln, aus dem kriegspielenden Buben werde oft der verweigernde Mann. Eine Form der Angstbewältigung nannte das die Therapeutin,

»denn zum Schluß solcher Spiele ist alles wieder heil«. Na, hoffen wir's, die Frau machte einen klugen Eindruck. Vielleicht in diesem Sinne hat Lea mich unlängst informiert: »Papa, ein paar Königinnen sind beim Köpfen noch davongekommen, weißt du.« Ja, woher weißt *du* denn, Kind? Kopfabschlagen und solche Stellen lass' ich doch immer weg beim Vorlesen. Ich will mein Kind doch bewahren! Vor Gewalt und Leid und Schrecken! Vor der bestürzenden Wahrheit über die Welt!

Wir essen jetzt die Hollerkücherl. »Papa«, fragt Lea (eine Haarsträhne streift das Kirschkompott). »Warum hat sich der Hitler selber getötet?«

MILLIONEN AUGEN SCHAUEN ZU

Was bin ich? Falsch oder richtig? Mann oder Frau? In oder out?

Die Nachbarin hat mir »an oide Koibshaxn« geschenkt, das ist eine alte Kalbshaxe und für den Hund gedacht. Die koche ich jetzt, aber draußen im Hof am offenen Feuer, weil ich den Fleischgeruch nicht im ganzen Haus haben will. Der Innenhof unseres kleinen Anwesens ist mir viel wert. Er wird vom Wohnhaus, dem ehemaligen Stall und den zwei alten Scheunen gebildet, ist fast quadratisch, nicht einsehbar von außen. Als wir vor ein paar Jahren das zerfallene Hoftor erneuert und so die einzige Lücke im Karree geschlossen hatten, war der andere Nachbar herübergekommen, freundlich grinsend: »Jetzt könnt's euer' Sau schlachten, gell! Da schaut euch keiner mehr 'nei.«

Das war metaphorisch gemeint. Er wußte ja, wir haben gar keine Sau, schon gar keine, die wir »schwarz« verwursten müßten. Unsere Heimlichkeiten sind anderer Art. Nein, der Nachbar erzählte von eigenen Erlebnissen während der Kriegszeit, als sie ihre nicht angemeldete Habe vor den Kontrolleuren und Requireuren versteckt haben, zum Beispiel die Hühner in der Hauskapelle, die Federbetten im Backofen und die »schwarze« Sau bei Gefahr im Wald.

»Sich nicht reinschauen lassen« war ein wichtiges Funktionsprinzip der bäuerlichen Gesellschaft, solang noch das persönliche Geschick, die Schlauheit des einzelnen zählte, beim Viehhandel, bei der Bodennutzung. Heute? Fleischpreise festgesetzt, Milchmengen kontingentiert, Spritzmittel vorgeschrieben. Was hätte da der Bauer noch zu verbergen? Welches Programm er abends wählt mit seiner Satellitenschüssel.

Die erwähnte Nachbarin ist eine attraktive Bäuerin. Sie trägt gern knappe Jeans im Stall. Das Fleisch ließ sie mir von ihrer zwölfjährigen Tochter herüberbringen. Noch vor einiger Zeit hätte sie damit gewartet, bis am Wochenende Barbara daheim ist. Darin erkenne ich Fortschritt: Schon nach fünf Jahren Hausmannschaft traut sie mir zu, selbständig an oide Koibshaxn zu kochen – für den Hund.

Meine Küche ist von ihrer vielleicht 150 Meter entfernt. Ausreichend Abstand, sollte man meinen. Trotzdem ist mir oft, als würde ich beobachtet bei meinen hausfraulichen Verrichtungen. Millionen Augen schauen zu, wenn ich die Unterhosen an den Wäscheständer hänge, trotz des geschlossenen Innenhofs. Kann jemand das nachfühlen? Ist das typisch nur für Hausmänner? Bin ich den Suggestivkräften der Waschpulverwerbung schon erlegen: Ist alles porentief rein?

Zu unseren beiden Nachbarsfamilien im Drei-Häuser-Weiler Schloapfading haben wir jedenfalls im ganzen ein freundliches Verhältnis. Anders empfinde ich das im Dorf, unserer vortrefflichen Gemeinde Arwlfing. Ich sollte sie wohl kurz beschreiben, um meine Stellung darin zu verdeutlichen. Der Münchner Finanzaufseher Johann Jakob Fürchtegott Forstinger, ein Zeitgenosse Goethes, soll Arwlfing anläßlich einer Kutschfahrt nach Salzburg den Ausruf »Oh herrliches Arwlfing! Du Perle am nordöstlichen Rande des Chiemgaues!« gewidmet haben; das wurde während der monatelangen Festlichkeiten zur 945-Jahr-Feier des Dorfes im vergangenen Sommer bekannt.

Dabei kannte Forstinger naturgemäß noch gar nicht einige neuzeitliche Schmuckstücke des Ortes: weder den modernen Flachdach-Plattenbau des Pfarrhauses noch das bodendeckende Immergrün um die Raiffeisenbank noch die Beton-Blumentröge und die xylamongetränkten Ruhebänke, welche von den Arwlfingern in schönem Gemeinsinn geschont werden, indem sie sie niemals benutzen. Nicht zuletzt fehlte an der Hauptstraße das ästhetisch so reizvolle Ensemble von Kriegerdenkmal und Getränkemarkt.

Hat nun aber ein solcher Ort, von dem noch dazu Kampmwand *und* Wendlstoa mit bloßem Auge zu erkennen sind, hat die Gemeinde Arwlfing mit ihren zahllosen Stammtischen, ihrem regen Vereinsleben, ihrer wohlgefügten Ordnung einen Zuzügler wie diesen verdient? Einen Hausmo?

Vormittags um elf, als einziger Mann einkaufend beim Edeka, oder nachmittags im Baywa-Baumarkt mit dem Kind an der Hand scheint es mir manchmal, als

durchsetze Mißbilligung die Atemluft, pollengleich, unsichtbar, reizauslösend: Was is'n des für oana? Der hockt dahoam rum mi'm Kind, und d'Frau laßt er arwadn. In dieser Umgebung, in der männlichen Erwerbsgesellschaft, deren Teil er nicht ist, kommt sich der Hausmann vor wie der Gamsbart auf der Baseballkappe oder, besser, wie die Cocktailkirsche im Semmelknödel. Wie der Ausländer mit gültiger Aufenthaltserlaubnis. Und er stellt sich wieder einmal ein paar nebensächliche Fragen: Bin ich falsch oder richtig? Mann oder Frau? In oder out? Konvav oder konkex?

Ein kleines Restchen Rollenunsicherheit gehört wohl unvermeidlich zum Leben. Konvax, konkev oder was?

KAMPF DEN WOLLMÄUSEN

Oder: Wie falte ich Damenschlüpfer?

Es gibt eine fundamentale Frage, die sich jedem Hausmann in Ausübung seiner Tätigkeit früher oder später stellt und deren sowohl dinglich-stoffliche als auch psychologisch-immaterielle Diffizilität meines Erachtens ein wesentlicher Grund dafür ist, warum noch immer nur wenige Männer die Hausarbeit als Berufung annehmen wollen.

Die Frage lautet – und ich warne empfindsame Leserinnen und Leser, es geht hier, wie man so sagt, ans Eingemachte –, sie lautet also (in ihrer ganzen Komplexität): Wie wasche, trockne, womöglich gar bügle und falte ich Damenschlüpfer?

O nein, das sind keine Bagatellen! Die potentiell dramatische Metaebene der Unterhose haben wohl am ehesten die Gesetzgeber jener Landkreise im Süden der USA erkannt, in denen es verboten ist, Herren- und Damenslips nebeneinander auf die Wäscheleine zu hängen. Ich scherze nicht, und die Bürger dort haben völlig recht. Wer je sich beim Verfertigen seiner Gedanken während des Hantierens mit mehr oder weniger fremden Schlüpfern beobachtet hat, dem muß man mehr nicht sagen. Nehme ich vierzig Grad oder sechzig? Zum Aufhängen eine Wäscheklammer oder zwei? Wo setze ich diese an: am Gummizug? An einem der Seitenteile? Oder ... am Zwickel?

Sodann der Vorgang der Faltung: seitlich zur Mitte hin? Von oben nach unten? Sowohl als auch? Oder lasse ich das charakteristische, so vieles evozierende Dreieck der Unterhose ungefaltet, erhalte so in einem bewußten Akt der Nicht-Gestaltung ihre formale Reinheit? Es öffnet sich hier der Betrachtung ein weites Feld, trotz stofflicher Knappheit.

Bevor ich jetzt aber womöglich fetischistischer Motive verdächtigt werde, wende ich mich anderer Hausarbeit zu; gerade in deren Vielfalt liegt ja nach Ansicht von Kennern ihr Reiz.

Ein trotziges Bekenntnis vorweg: Bügeln lehne ich aus Überzeugung ab. Praktisch betrachtet halte ich es für unnötig, ideologisch für einen typischen Teil jenes bürgerlichen Domestikationsrepertoires, mit dem Frauen zu Hausfrauen dressiert werden. Wer mich ungebügelt nicht mag, soll mich bleibenlassen. Eine leise Ahnung sagt mir freilich, daß Lea die saloppen Knitterfalten an ihren Blusenkrägelchen nicht mehr lange tolerieren wird. Die Fünfjährige wird jetzt schon zusehends formbewußter. Nicht ausgeschlossen, daß sie es mir noch beibringt, das Bügeln.

Ein beliebiger Freitagvormittag. Kind ist im Kindergarten, Mutter im Büro; heute abend kommt sie nach ihrer Arbeitswoche wieder heim. Vatern packt die Putzlust. Zuerst die Fenster – sehr befriedigend, aber nicht ungefährlich: Die Suche nach immer neuen unentdeckten Restflecken kann Suchtcharakter annehmen. Dann die Treppe. Mein persönlicher Tip dazu: Kehre und putze stets von oben nach unten! Gang, Küche und Wohnzimmer: Kehren genügt. Badezimmer: Mit einer gewissen Lust an der Herausforderung taucht die Hand mit dem Glitzi-Schwamm tief in die Kloschüssel; das rein mechanisch und chemiefrei erzielte Ergebnis ist ausgezeichnet.

Bleibt noch Zeit, die Wäsche aufzuhängen, einzukaufen und beim Kochen nachzufühlen: Hat Spaß gemacht, dieser Vormittag. Aber warum? Weil Wollen der Antrieb war, nicht Müssen. Weil diesen paar Stunden der Säuberungsarbeit ein paar Tage der gemütlichen Selbstvernachlässigung vorausgegangen sind. Die Woche über, allein mit dem Kind, dem die Faulheit des Hausmanns zeitlich sehr zugute kommt, erlaube ich mir mein bestimmtes Maß an persönlichem Dreck. Ich sehe die Bartstoppeln wachsen, staple ordentlich unser beider Schmutzgeschirr, betrachte wohlwollend die in den immer gleichen Bodenwinkeln sich sammelnden ... Mäuseflocken? Nein, wie war noch Barbaras Wort dafür, Bröselflusen? Wollmäuse, ja, die Wollmäuse sind es, diese interessant polymorphen, in hohem Maße flüchtigen Gebilde aus Staub und Hundehaar, bei denen mir regelmäßig Birgit Breuel in den Sinn kommt.

Unordnung liegenzulassen oder stehen, sie einfach sein zu lassen (bis zu einem Punkt) fällt dem Hausmann, vermute ich, generell leichter als der Hausfrau.

Sie hat in der Regel den Automatismus des sofortigen Räumen-, Wischen-, Putzen-, Kehren- und Spülenmüssens schon vom Kleinmädchenalter an durchs mütterliche Vorbild in ihr Verhalten allmählich eingeschliffen. Dem kleinen Bubi dagegen hat niemand wegen Unordnung ein schlechtes Gewissen gemacht. Um so verächtlicher finde ich erwachsene Paschas, die ihren Frauen mit Vorwürfen kommen, wenn feierabends nicht immer alles glänzt.

Nimm selber den Besen, Pascha! Birgit Breuel jedenfalls, wenn sie freitags abends von der Treuhand aus Berlin heimkommt ins Hamburger Zuhause, wo ihr Mann auf sie wartet – was tut Birgit Breuel als erstes? Ich entnahm das einem Fernsehbericht: Sie beseitigt die Wollmäuse.

MAMA WAR SCHON EINE MARKE

An der Spüle kreuzt der Hausmann Mutters Spuren

Seit ich Vater bin und Hausmann dazu, denke ich wieder oft an meine Mutter. Das heißt, meist ist es nicht ein Denken, sondern eher ein Fühlen, das sie mir plötzlich nahebringt, ein überraschtes Erkennen: Jetzt machst du den Rücken krumm wie sie, über die Spüle gebeugt. Jetzt sprichst du mahnend zu deinem Kind wie einst sie mit dir und deinen Geschwistern. Jetzt gießt du das Kartoffelwasser durch einen Schlitz zwischen Topf und Deckel, genau wie sie das gemacht hat.

Nach langen eigenen Bahnen berührt auf dem Schnittpunkt Elternschaft und Haushalt der Weg des Sohnes die Spur der Mutter – unvermutet, schön und traurig, manchmal bestürzend. Und in der Mittagsruhe, die auch ihre Gewohnheit war, wenn er sich langstreckt auf der Couch für zehn Minuten (vielleicht läßt, o süße Hoffnung, das singsangend bastelnde Kind zwanzig oder gar dreißig daraus werden), wenn er flach auf dem Rücken liegend wie sie die Wolldecke hochzieht unters Kinn, wenn für den Moment des Weggleitens die Gesichtszüge erschlaffen und der Unterkiefer absinkt, so wie er, befremdet, bei ihr das früher sah, dann ist der Sohn mit der Mutter, der Hiesige mit der Jenseitigen, schon manches Mal traumhaft verschmolzen. Bin ich immer noch Teil von ihr? Ist mein Leben so, wie es ist, weil ihres so war, wie es war?

Mama war schon eine Marke. Am liebsten wäre sie jemand gewesen wie Alexandra David-Neel, die frühe Tibetforscherin, deren Bücher sie immer zur Hand hatte wie Vehikel zur Flucht. Am liebsten hätte sie studiert: Ethnologie, Geographie, Religionsphilosophie, auch Medizin. Wäre sie, ganz eigentlich, am liebsten kinderlos geblieben? Unverheiratet? Schon möglich, und es wäre ihr sicher gut bekommen. Aber das waren Träume. Sie zu bejahen, ihrer Erfüllung nachzugehen, das kam zu ihrer Zeit und in ihrem kleinbürgerlichen Milieu nicht in Frage. Es wäre ihr selbst lächerlich vorgekommen, würdelos.

Ausbildung zur Volksschullehrerin. Drei Kinder während der Kriegsjahre. Mit dem Vater, als er zurückkam, kein Auskommen mehr: Notgedrungen hatte sie als Alleinerziehende ihre eigene Stärke erfahren, und zu hoch schien ihr danach die Aufgabe ihrer Selbständigkeit als Preis für ein bißchen Anlehnung und Versorgung. Ohne Mann und doppelbelastet war ihr lieber als paarweise in abhängiger Hausfrauenrolle. (»Alleinerziehend«, »Doppelbelastung«: Vermutlich gab es diese Wörter damals noch gar nicht, geschrieben nicht, gesprochen nicht und also im heutigen Sinn auch nicht gedacht.)

Sie ging mit uns Kindern zurück zu ihrer Mutter und

brachte die vaterlose Familie die nächsten 25 Jahre als Lehrerin durch. Nie mehr nahm sie sich einen Partner, und so war das ein männerloser Haushalt, in dem ich aufwuchs: Mutter, Großmutter, ledige Tante (die zeitlebens mit Mutter zusammenblieb), ältere Schwester. Einziger Geschlechtsgenosse war mein kleiner Bruder. Frauen waren meine Rollenmodelle, und damit bin ich beim Punkt: Das muß etwas mit meinem Hausmanngeschick zu tun haben.

»Weibliches« Handwerk auszuüben hat mir selten Probleme gemacht. Schwer tue ich mich bis heute bei »männlichen« Tätigkeiten. Ich kann nicht Autos reparieren. Ich bastle keine Möbel, ergebe mich jedem Defekt von Elektrik oder Wasserhähnen. Ich war noch nie im Puff. Letzteres empfinde ich nicht als Mangel, aber im pubertären Alter war das subjektiv größte Defizit des vaterlosen Sohnes die Abwesenheit des Männervorbilds in der allerwichtigsten Frage: Wie gewinne ich das Herz in der Bluse, wie gelange ich unter den Rock? Da hatten die Freunde mit den maskulinen Männervätern zupackend den Vorteil – derweil ich meine Mutter bewunderte.

Zum Beispiel Mamas *one-up manship*, ihre Art, eins draufzusetzen, das war schon eine feine Sache. Sie konnte, sagen wir bei einem nachmittäglichen Kaffeeratsch mit den Freundinnen, geradezu ergeben den »Rehrücken« des Ettmaier Lieserls oder das Zopfmuster am Socken der Grünhofer Hedwig bewundern, sich selbst dabei verkleinernd bis zur schüchtern-unvollkommenen Hausmaus, um dann fünf Minuten spä-

Ach Mutter

ter beiläufig Egon Friedell zu zitieren oder bescheiden eine religionsgeschichtliche Frage von hoher Komplexität in den Raum zu stellen (der im Zweifelsfall ein gebohnertes Wohnzimmer mit geklöppelten Büfettdeckchen war).

Obwohl selbst eine ausgezeichnete Hausfrau, bestand sie eigensinnig auf Minderwertigkeit in diesem Bereich, kultivierte geradezu ein schlechtes Gewissen gegenüber anderen, denen die Knödel *immer* perfekt gerieten. Es war wohl ein subtiler Ausdruck dafür, daß ihr die Pflicht von Hausfrauenarbeit und Brotberuf, der sie ihr Leben lang nachkam, im Grunde weniger wichtig war als die intellektuelle Arbeit, die sie gern getan hätte.

Ach Mutter. Womöglich fehlte dir bloß ein bißchen vom Hedonismus, den die Generation nach dir so reichlich sich gestattet. Wenn es ginge, ich gäbe dir gern die Hälfte von meinem ab. Vielleicht hätten wir dann beide die richtige Menge, wer weiß.

SOLL ICH DIE KLAPPE HALTEN?

*Und schweigend meine Pflicht tun,
wie Millionen Hausfrauen?*

Am frühen Abend hat der Wind noch einmal gedreht. Heute war nach dem Gewittersturm, der die große Hitze beendete, einer dieser unentschiedenen Sommertage, an denen es erst noch von Westen kommt, mehr grau als blau, dann unverschämt hell und frisch aus dem Osten, als ob es so bliebe. Von wegen. Erst jetzt im letzten Licht, das sich mischt mit dem des Mondes, wird es still. Alles ist aufgehoben. Kein Hin und Her.

Morgens fuhr knatternd ein Trabi vor. Ein Trabi! Bei uns in Schloapfading! Lea reißt das Küchenfenster auf. Trabis kennt sie, Trabis mag sie, von Trabis redet sie im selben Ton wie von ihren Kuscheltieren: Hasi, Mausi, Miezi, Trabi. Die Farbe ist dieses unwiederbringliche Milchstuhlbraun, das Nummernschild tschechoslowakisch. Und den Fahrer kennen wir: Tomasch, der junge Prager, der vor einem Jahr unser Bauhelfer und Hausgast war. Der nette, hübsche, höfliche Tomasch, der mich fast zur Weißglut gereizt hat mit seiner Unfähigkeit, ohne Aufforderung auch nur sein Frühstücksgeschirr abzuräumen.

Schlecht sieht der Junge aus, fast panisch um die Augen. Er sucht wieder Arbeit während seiner Semesterferien, aber das ist nicht das Problem: Tomasch ist Vater geworden. Seine Freundin studiert Medizin wie er, ist aber besser qualifiziert und wird deshalb leichter eine Anstellung finden. Die Folge ist niederschmetternd für ihn. Er wird zu Hause bleiben müssen beim Kind, sie wird arbeiten gehen als junge Ärztin. »Dilloo«, seufzt es tief aus ihm, »ich bin kein Babysitter!« Mitleiderregender Blick durch die kleine Nickelbrille. »Sag mir, wie macht man das, zu Hause bleiben? Ich habe immer Angst, etwas falsch zu machen.«

In der Küche seiner Mutter haben Männer absolut nichts zu suchen; so hat er sich voriges Jahr einmal entschuldigt, als ich explodiert bin wegen seiner unkorrigierbaren Blindheit in *meiner* Küche. Männer bei der Hausarbeit oder der Kinderbetreuung, das sei in seinem Land geradezu unmöglich, schon weil die Frauen das nicht wollten. Schutzbehauptung des Drückebergers? Oder tatsächlich eine Bedingung der Macho-Gesellschaften in Osteuropa? Barbara hat neulich von einer Wirtschaftsfrau aus Frankfurt erzählt, mit der sie beruflich zu tun hat. Die Frau war zehn Jahre lang in Moskau und hat das Leben dort einschließlich der Männer durchaus genossen, zieht aber das Fazit: »Nie auf Dauer mit einem russischen Mann!« Paschas allesamt, sagt sie, unbewußte noch dazu und auf unabsehbare Zeit. »Die Arbeit der Frauen dort hat das System am Leben gehalten, als es schon längst kaputt war.«

RRRAUS!

Tomasch trabit weiter, hinterläßt im Hausmann ein leise zufriedenes Gefühl. Damit räumt mittags die Post auf. Leserin Marianne Riemann schreibt aus Berlin: »Was unsereins mit links nach Dienstschluß erledigt, nämlich die sog. Hausarbeit, gibt ein Thema ab für die selbstherrliche Berichterstattung eines Hausmanns! . . . Tolles Kerlchen! . . . Wichtigtuer . . . Rüdig, rüdiger, am rüdigsten!« Das ist hart, Mariandl! Wo ich meinen Nazivornamen eh schon immer hasse. Soll der Hausmann die Klappe halten? Schweigend seine Pflicht tun wie Millionen Hausfrauen?

Lea wird abgeholt zum Baden. Mein Nachmittag ist frei: für zwei lang geplante Anrufe und ein lang gemiedenes Buch. Anruf eins bei Achim Exner, Oberbürgermeister von Wiesbaden, 48 Jahre alt, wurde vor zwei Jahren noch einmal Vater. Als Baby Valentine ein halbes Jahr alt war, ging die Mutter wieder arbeiten. Der Oberbürgermeister der Großstadt Wiesbaden beantragte bei seiner Kommunalaufsicht Halbtagsarbeit »aus wichtigem Grund« und blieb vormittags zu Hause beim Kind.

»Wie haben Sie das denn organisatorisch hingekriegt?« – »Es ging leichter, als ich dachte. Vor allem habe ich fast die ganze Repräsentationsarbeit delegiert, also Einweihungen, Ausstellungseröffnungen und so. Von 14 bis 22 Uhr bin ich im Rathaus am Schreibtisch gesessen, da kann man das Wichtige schon erledigen. Zu Hause half nachmittags eine Kinderfrau, bis Valentines Mutter heimkam.« – »Welche Reaktionen haben Sie erlebt? – »Siebzig Prozent Zustimmung. Frauen waren mehr dafür als Männer. Oft bin ich von Wirtschaftsbossen, Bankvorständen und so weiter angepflaumt worden, deren Frauen ihnen Druck gemacht haben: Wenn der das kann als OB, warum dann du nicht? Aber ich muß auch sagen, als Anfänger im Rathaus hätte ich mir das sicher nicht leisten können. Ich bin ja schon seit sieben Jahren OB und seit zehn Jahren im Magistrat. Jedenfalls wollte ich es nicht mehr so wie bei meiner Tochter aus erster Ehe, die habe ich als kleines Kind praktisch nur schlafend erlebt.« – »Jetzt arbeiten Sie wieder Vollzeit, sind Sie froh darüber?« – »Ich hab' immerhin ein paar Errungenschaften herübergerettet. Zum Beispiel wähle ich alle Veranstaltungen möglichst so aus, ob ich Valentine mitnehmen kann. Am Wochenende war ich bei drei Volksfesten mit ihr.« – »Im Dienstwagen?« – »Nee, mit dem Radl, Valentine im Kindersitz.«

Anruf zwei. Über den Gesprächspartner stand im *Spiegel*: »Angelockt von Sohn Moritz, will selbst ein maskuliner Held wie der Torwart der deutschen Eishockey-Nationalmannschaft, Helmut de Raaf, jetzt ein Babyjahr einlegen und dafür auf die nächste Weltmeisterschaft verzichten.« Süßes Photo dabei, »Hausmann de Raaf« sein Baby küssend. Aber am Telephon erfahre ich: Er hat in diesem »Babyjahr« genau sechs Wochen lang aufs Eishockeyspielen verzichtet. Hausmann ist er wahrscheinlich etwas mehr, als Rudolf Augstein es mit seiner kleinen Maria-Sabine war.

Bei de Raaf war der *Spiegel* und hat übertrieben, zu Exner kamen Fernsehreporter bis aus Japan. Vielleicht ärgern sich ja manche Frauen mit Recht über zuviel Tamtam, wenn einer mal die Windeln wechselt.

Ich hätte an diesem Tag nicht auch noch das neue Umfragebuch von Cheryl Benard und Edit Schlaffer lesen sollen. Es heißt »Sagt uns, wo die Väter sind – Von der Arbeitssucht und Fahnenflucht des zweiten Elternteils«, und damit ist das Wichtigste gesagt: Den »neuen Vater«, der die halbe Last der Elternschaft wirklich trägt, gibt es nur als »Lorbeerblatt« in der »Suppe der männlichen Verantwortungslosigkeit«, so gering an Zahl, daß er »nicht einmal eine Minderheit« darstellt.

Es ist traurig und verwirrend, aber jetzt am Abend will Lea ins Bett. Das ist mir recht, mein Kind. Halt meine Hand.

TOD IN DER FAMILIE

Vor Eros hin tritt Thanatos,
Bruder der Nacht

Bleibt drin, ihr blöden Tränen!« schimpft Lea, als ich wegfahren muß zu einem Toten. Ihre kleinen Arme an meinem Hals. Der nasse Blick, der mir sagt: »Ich will nicht, daß du weggehst. Aber ich weiß, daß ich es nicht ändern kann. Ich bin dir ausgeliefert, so wie so.«

Es war immer noch so heiß, daß man sich am liebsten bäuchlings auf den Steinboden im Hausgang legen wollte neben den Hund. Oder sich zum Baden verabreden mit Sabine und Gabi und Traudl und Uschi, den Tag ganz legitim verplempernd zwischen Kindern und ziemlich nackten Frauen. So war es gedacht gewesen. Von der erotisierenden Seite seines Daseins unter netten jungen Müttern hatte der Hausmann diesmal berichten wollen. Und davon, warum er sich zum erstenmal seit zwanzig Jahren wieder den Kopfsprung vom Dreimeterbrett getraut hat: »Papa, spring jetzt! Hopp!«

Ja, aber dann klopft der Bote an die Haustür. Vor Eros hin tritt Thanatos, Bruder der Nacht. Ich packe ein Köfferchen und fahre zu meinem toten Bruder. Während seines Urlaubs mit Frau und Tochter hat im Schlaf sein Herz versagt. Der Nachtzug bringt mich nach Ungarn, viele dunkle Stunden lang.

Es muß wohl so sein – der Tod mag meine Blutsverwandten. Er holt sie früher als andere. Zuerst den Vater. Er ist 48 geworden, so alt wie jetzt der Bruder. Fern von uns, wo er schon lange lebte, traf ihn der Schlag auf der Straße. Ich bin damals heimgekommen von der Schule, dreizehn Jahre alt, habe Mutter verweint und erschüttert gesehen. Aber ich kannte den Vater kaum, und meine Freunde waren dabei, und wir wollten zur Eisdiele. »Darf ich trotzdem . . .?« Mutter nickte, und als sie später zum Einkaufen ging, sah sie mich lachend und schleckend auf der Stange hocken. Sie sagte nichts. Aber ihr Blick geht mir nach.

Fünf Jahre später starb in unserer gemeinsamen Wohnung die Mutter meiner Mutter, sie nun in gesegnetem Alter. Wir Enkelkinder, fünfzehn, achtzehn und zwanzig Jahre alt, wurden von Mama ins Zimmer gerufen. »Verabschiedet euch, die Oma stirbt.« Sie war in dem Zustand, von dem ich heute weiß, daß der sterbende Mensch, obwohl er sich seiner Umgebung längst nicht mehr mitteilen kann, diese doch noch wahrnimmt, vor allem und wohl bis zuletzt über das Gehör. Das Bild der Sterbenden bleibt mir im Gedächtnis als das des Fisches auf dem Trockenen.

1980 starb im Alter von dreizehn Jahren Miriam, das einzige Kind meiner Schwester, an Mukoviszidose. Eine unheilbare, angeborene Stoffwechselkrankheit. Die Betroffenen werden körperlich immer hinfälliger und erreichen nur selten das Erwachsenenalter. Die

Forschung arbeitet an dem Problem, eines Tages wird Mukoviszidose heilbar sein. Aber Miriam ist lange schon Staub.

Die Schwester meiner Mutter, die unverheiratet und kinderlos war, immer mit ihr zusammen und uns Kindern mehr als eine nette Tante, habe ich oft auf meinen Armen getragen, vom Bett ins Bad, vom Bad zum Lehnstuhl, als sie zu schwach wurde zum Gehen. Bei ihrem Tod durch Lungenkrebs 1982 war sie 64 Jahre alt und wog siebzig Pfund.

Kein Jahr verging, da entschied sich die Mutter fürs Sterben. Sie war lange schon an Herz und Lunge sehr krank gewesen. Als es soweit war, daß sie nur im Krankenhaus und mit stärksten Medikamenten ihr Leben noch um ein paar Wochen hätte verlängern können, entschied sie sich dagegen. Das fixierte sie schriftlich, teilte es ihren Kindern mit und richtete zu Hause in ihrer Wohnung alles her. Alles. Die freundliche Bluse, die sie als Tote tragen wollte. Die dankbare, gelassene kleine Rede, die am Grab gesprochen werden sollte; die schrieb sie selber mit dickem Filzstift und großen, großen Buchstaben; denn nichts hätte sie am eigenen Tod mehr geärgert als falsches Pathos und Sentiment.

Zu der Zeit war ich fast immer bei ihr, um sie zu versorgen. Als ich für zwei Tage weggerufen wurde, ging sie davon. Sie war 69.

Es hat meinen Schmerz damals um eine kleine Bitterkeit vergrößert, daß Mutter mich bei ihrem Sterben wohl ganz bewußt nicht an ihrer Seite wollte. Habe ich da egoistisch empfunden? Es gibt ein schwer faßbares

Interesse am Sterben, an dem, was wirklich dabei geschieht, das ich nicht nur an mir beobachte. Auch jetzt wieder beim Tod meines Bruders, den wir morgen beerdigen: Man will es genau wissen, ganz genau, wann und wo und wie, wie es kam. Die Neugier auf die Todesumstände anderer ist wohl nichts anderes als die Neugier, die furchtsame, auf den eigenen Tod.

IM »HEIDILAND« UND AUF DER ECHTEN ALM

*Wie macht man das,
daß das Kind einen losläßt?*

Sobald dies hier geschrieben ist, fertig die Arbeit, die Lea, mein verwöhntes Kind, zunehmend erbittert (»immer nur tipptipptipp, du tippst jetzt keine Zeile mehr, hast du mich verstanden!«), sobald wir das wieder einmal geschafft und unsere sieben Zwetschgen gepackt haben, vor allem die Gummistiefel, je zwei Paar für uns beide, die Winterbetten, die warme Unterwäsche, das Stallgewand, die Hirtenstecken, einen Sack Futter für Lilli, Weizen, Roggen, Gummibärchen, Kartoffeln, Obst und Gemüse für uns, Kerzen, Vorlesebuch, Kuscheltiere nicht zuwenig, sobald noch am Auto das Hinterrad ausgewuchtet, Lillis Impfpaß aktualisiert, Obst gepreßt, das Gras rasch geerntet und ein bißchen Brennholz hergerichtet ist für Barbara, die sich freut auf ein paar Wochenenden allein zu Haus, ohne Kind und ohne Mann, vielleicht mit Gästen (gewiß kinderlosen), sobald wir das alles erledigt haben, fahren wir endlich auf die Alm. Es hat schon kräftig geschneit da oben, aber die Kühe bleiben noch bis Ende September. Das läßt uns drei Wochen. Hach, wie wir uns freuen!

Ich bin gespannt, wie wir zwei da oben miteinander zurechtkommen werden. In letzter Zeit habe ich Schwierigkeiten mit Lea, meinem druckvollen Einzelkind. Die Erfahrungen vom letzten Sommer, in dem wir volle drei Monate auf der Alm verbracht haben, waren gemischt. Ich muß arbeiten dort oben, viel arbeiten. Sie muß mich loslassen, viel mehr loslassen als daheim.

Und wie macht man das, kleiner Erziehungsberater, daß das Kind einen losläßt? Zum Beispiel neulich bei der Wanderung um den Griessee: Der Weg ist ja nun wirklich einigermaßen gangbar für eine große, kräftige Fünfjährige, ein bißchen sumpfig zuerst im Schilfgürtel, dann teilweise abschüssig im hellen Uferwald von Fichten und Buchen, wo ihn gewiß ab und zu bloßliegende Baumwurzeln kreuzen. Aber muß eine kräftige, große, bald Fünfeinhalbjährige sich deswegen ununterbrochen an die Hand des Vaters klammern? Ich sage, daß ich ein bißchen für mich sein will. Sie klammert. Ich entwinde ihr meine Hand und stecke sie in die Hosentasche. Sie schiebt ihren ganzen Arm dort hinein, daß die Nähte krachen. Ich verschränke meine Arme auf dem Rücken. Sie zupft und zerrt lästig an meinem Ärmel. Ich kreuze sie auf der Brust. Sie sucht tastend Halt an mir und erwischt prompt in ihrer Griffhöhe ein empfindliches Weichteil. Da gebe ich ihr rasch wieder meine Hand.

Aber schlimmer wär's ja, wenn sie meine Hand gar nicht wollte. Warum sind Kinder so maßlos, kleiner Berater? So wechselhaft? Zum Beispiel hatte Lea bis vor etwa einem Jahr mit Küssen beleidigend wenig im Sinn. Dann: plötzlicher Wandel. »Papa Bussi!« fordert sie jetzt auch vor der kürzesten Trennung, für jede Minute am liebsten eines. Noch vor kurzem kam ihr auch das Wort Papa kaum je über die Lippen. Sie nannte mich beim Namen, so wie es alle tun, die sie mit mir reden hört. Dann: plötzlicher Wandel. Papa hier und Papa dort, Papa bis zum Überdruß in allen Tonlagen. Schmeichelnd: »Pabbi . . .?« Vorwurfsvoll: »Ppappa!« Dringlichst: »Pappiii!« Womöglich hat ja Leas Verhaltenswandel mit meinem eigenen zu tun. Ich habe mir doch tatsächlich früher eingebildet, auch noch nach ihrer Geburt, daß ich das besitzanzeigende Fürwort auf mein, nein, auf *das* Kind konsequent nicht anwenden werde. Nur nicht zu sehr binden war die Idee, das Kind braucht Erwachsene, aber das müssen nicht die leiblichen Eltern sein. (Du willst vielleicht mal wieder fort für ein Jahr oder zwei . . .) O lächerliches Hintertürchen! Von selber fielst du ins Schloß, das Liebe heißt, oder so.

Könnte *ich* sie überhaupt noch loslassen, meine Tochter? Ist es nicht *meine* Art zu klammern, daß ich ihr so viel oktroyiere: was sie anziehen soll (Warmes!), was sie essen soll (Gesundes!)? Bindet uns nicht auch, wenn sie mir nicht gehorcht, mein wachsender Ärger? Ach, ich fürchte, was da wächst, insgesamt, ist der Familiensinn. Das Wir-Gefühl holt mich ein. Hilf Himmel, ich werde noch zur Keimzelle des Staates.

Nichts wie weg auf die Alm, mein Kind, das wird unsere eingefahrenen Muster unterbrechen. Auf der

Hinfahrt stoppen wir mal im »Heidiland«, das ist eine durchgestylte Autobahnraststätte mit Amüsierbetrieb bei Maienfeld im Oberrheintal zwischen dem Sankt Gallenland und Graubünden. Oberhalb dort in den Hügeln hat Johanna Spyri ihre bittersüße Heidi erfunden.

Hoffentlich kommen wir gut über die Grenzen. Mann, Hund, Kind und viel seltsames Gepäck im blauen R-4-Kastenwagen, Baujahr '79. Vom »Heidiland« haben wir es dann nicht mehr weit bis zur Alp Fagor, der wirklichen.

ER MUSS SEIN KIND VERSTOSSEN

Wenn der Hirt den Kühen nachläuft, ist die Tochter ein Klotz am Bein

Mag es draußen auch schon hell sein – wenn das Kind morgens aufwacht im fensterlosen Strohstall, ist es von Dunkelheit umgeben. Es tastet neben sich: Es findet sich allein. Er ist fort. Die tiefere Mulde im Stroh, wo er gelegen hat, ist schon kalt. Sie dreht sich auf den Rükken, stemmt den Oberkörper auf und sucht die wenigen Schlitze und Löcher in den Wänden, durch die schmal oder punktförmig das scharfe weiße Licht eindringt. Sie weiß, wo sie ist. Sie erkennt die Umrisse der Heu- und Strohballen, der schweren, rohen Stämme, aus denen die Hütte gefügt ist, der Kleider, die von Nägeln hängen an der Wand. Sie hört die Melkmaschine brummen, sie hört ein paar Glocken aus den Ställen. Sie hört den Hund neben sich rascheln auf seinem Platz im Stroh.

Der Hirt melkt zu der Zeit die sechzehnte Kuh. Ihm ist schon warm geworden. Der Stall, in dem er auf einbeinigem Melkstuhl schwankend sitzt, ist uralt und von Neon beleuchtet, niedrig, eng, vor langer Zeit gebaut für viel kleinere Kühe als die von heute. Der

Hirt rüstet die siebzehnte Kuh an, streichelt mit schnellen Bewegungen ihre Striche, bis sie prall sind von Milch und bereit zum Melken.

Als der Hirt aufgewacht ist, war es noch stockfinster. Er hat den piependen Wecker mit schnellem Griff unter die Decke gesteckt, dann ist er leise aufgestanden und im Schein einer Kerze in die vom Schweiß des Vortages klammen Kleider gestiegen. Immer in Angst, das Kind könnte vorzeitig erwachen und ihn so früh schon ins Dilemma stürzen, ist er aus dem Strohstall geschlichen, der Hund ihm auf dem Fuß. In der Sennhütte hat er schnell Tee getrunken mit den drei anderen, dem Senn, der Sennerin, der Zusennin, beim allerersten Morgenlicht ist er hinausgegangen, die Kühe von der Nachtweide zu holen. Sie aufzuspüren unter Bäumen, hinter Felsen, siebzig Stück. Der Hund hat ihm gut geholfen, der Klang der Glocken ihn im Zwielicht geleitet, der Stock ihn nicht immer vorm Stolpern bewahrt auf den rutschigen, buckligen Weiden. Zurück mit allen Tieren bei den Ställen, hat er den Hund wieder leise hineingeschickt ins Stroh.

Das Kind steht auf, zittert, zieht sich an unter bitterem Gemurmel, das nur der Hund hört. Es nimmt vom Nagel eine Henkeltasse und geht frierend in den Stall. Der Hirt will schmelzen, als er sie sieht, umfängt sie, möchte alle Wärme des Stalles an sie verströmen, seine und die der Kühe. Er melkt von Hand die Tasse voll, sie trinkt. Dann nimmt er wieder das Aggregat, und sie legt sich bäuchlings quer über den Rücken einer ruhenden Kuh. Fast schläft sie so noch einmal ein.

Nach dem Melken das Morgenmahl, nach dem Mahl der schlimme Moment. Der Hirt muß mit den Kühen fort, das Kind will mit; der Hirt muß schnell sein, das Kind ist langsam. Er muß es verstoßen. Mit dem Stock in der Hand tappt es, so schnell es kann, hinter ihm her. Papa, ich muß dir noch was sagen! Er will rennen und zögert doch, sieht die vordersten schon hinter der Felskuppe verschwinden, Papa, warte doch auf mich! Er schreit sie an: Geh zurück! Sie hält schluchzend einen Hahnenfuß hoch: Papa, ich will dir nur noch die Blume geben! Er läuft zurück, wütend, sieht die siebzig sonstwohin ziehen. Er nimmt die Blume, sie klammert sich an seinen Arm, zerfließend in Rotz und Tränen. Er reißt sich los, verzweifelt, dreht sich nicht mehr um zu ihrem Rufen, ihrem Jammer, rennt so schnell den Tieren hinterher, daß ihm sein eigenes Weinen rasch vergeht. Zehn Minuten später spielt das Kind vergnügt bei der Hütte mit den zwei anderen Kindern. Eine halbe Stunde später hat der Hirt die Kühe wieder beisammen, zwei Stunden später ist er mit ihnen oben am Grat. Dort sollen sie weiden. Er steht 2000 Meter hoch. Er sieht die Stadt Chur unter sich, weißes Schamdreieck zwischen dunkel bewaldeten Bergschenkeln. Von den letzten zehn Sommern war er sieben hier oben, siebenmal Juli, August, September. Das Kind ist hier gezeugt. Es ist alles ein Teil von ihm geworden.

Nachmittags treibt der Hirt die Herde hinunter. Schreien und Juchzen ist Teil seiner Arbeit. Er hat wieder das königliche Gefühl. Das Kind läuft ihm entgegen: Es hat Edelweiß gefunden in den Felsen am

Bach, drei hat es gepflückt. Er nimmt sie. Hand in Hand kommen sie zur Hütte.

Melken. Ausmisten. Nachtessen. Um neun Uhr löscht er die Kerze. Im Finstern liegen sie, einander zugewandt. Der Hirt tastet unterm Federbett nach ihren Füßen, ob sie kalt sind, und steckt sie zwischen seine Beine. Das Kind murmelt: Papa, Hand ... Er denkt, mein süßes Kind, er denkt, bald schlafen wir wieder getrennt, in heizbaren Zimmern, und ich sehe abends fern. Er denkt, gut, daß deine Mutter uns gehen läßt für drei Monate, er denkt, wäre ich noch Angestellter, dann wäre ich nicht Hirt. Aber wäre ich Hirt geworden, wenn ich nicht Angestellter gewesen wäre? So kommt der Schlaf zu ihm und ihr. So kommen die Träume.

MIT LEA AUF DIE »HERREN«?

Wo immer hin mit dem Kind –
der Vater handelt falsch

Wenn wir uns heute hier der drängenden Frage zuwenden, warum ein Mann, schon diesseits der Lebensmitte, plötzlich mit kleinen, herrlich funkelnden, wenn auch falschen, Brillanten in beiden Ohrläppchen herumläuft, dann bitte ich die geneigte Leserschaft, mir umgehend in das Städtchen Thusis im Schweizer Kanton Graubünden zu folgen, ins hochgestimmte Gewühl des dortigen Vieh- und Warenmarktes, der in jedem Herbst einer bunten Kundschaft von Bauern, Viehhändlern, Älplern und Touristen willkommene Gelegenheit bietet, Geld mehr oder weniger hinauszuschmeißen für beispielsweise Zuckerwatte, Militärhosen, Kuhhornformer, Heavy-metal-T-Shirts, Eutervorfallgeschirre, fluoreszierende Ninja-Schwerter und rätselhafte Bergstiefel, deren jeweils linker mit einer absurd hohen Plateausohle versehen ist. Jawohl, nur der linke. Warum das? Damit der Bergbauer gleichsam eben stehe, wenn er mit der Sense quer zum Hang seine allersteilsten Wiesen mäht. Verstanden? Man lernt immer noch dazu auf solchen Märkten.

Wir befinden uns also jetzt auf der Hauptstraße in

H
D

Thusis und werden, nachdem wir Softeis, Fanta und Bratwurst gewährt haben, abermals am Ärmel gezupft. Was wünscht das Kind? Es wünscht seine Mutter, die daheimgebliebene, zu überraschen. Womit? Es will seine Ohrläppchen durchstechen lassen und sie mit Ringen schmücken. Reizend, freut sich der Vater. Aber, fordert das Kind: Er muß zuerst. War ... um? Damit er berichten kann, wie weh es tut.

Nun, es gibt auf der Thusner Hauptstraße ein Juweliergeschäft, dieses ist für das Durchstechen menschlicher Ohren technisch und personell gerüstet, und als ich dort Platz nehme, schrillt das gräßliche Schreien der Schweine in meinem Hirn, denen wir auf der Alm gelegentlich mit einer Art Lochzange metallene Identitätsmarken in die Ohren stanzen müssen. Aber man weiß ja, Schweine übertreiben aus Prinzip. Ich lächle frisch, als sich der zierliche Bolzenschußapparat meinen jungfräulichen Läppchen nähert.

Schwamm drüber. Es ist geschehen. In allen verfügbaren Ohren haben Vater und Tochter jetzt falsche Brillies. (Nur der Hund kam davon.) Wir funkeln in dem von Lea erwünschten Ausmaß, und hätte bei der Heimkehr statt uns beiden ein illuminierter Christbaum vor der Haustür gestanden, ihre Mutter wäre nicht überraschter gewesen. Aber damit greife ich vor.

Bald nach dem Markt in Thusis haben wir siebzig Kühe von der Alp Fagor ins Tal getrieben. Wieder einmal vorbei, der sommerliche Betrieb da oben. Kahl die Weiden, kalt der Wind. Obwohl wir dieses Jahr nur drei Wochen auf der Alp waren, hat Lea der Abschied von den Kühen viel mehr geschmerzt als das Durchstechen ihrer Ohrläppchen. Trauernd stand sie neben ihrer Lieblingskuh und schmierte Tränen ins warme weiche Bauchfell.

Auf der Heimreise müssen wir das Klo der Autobahnraststätte »Heidiland« benutzen, und dieses verdient Beachtung. Eltern sind zunächst einmal immer erfreut, wenn ihr Kind seinen Drang in der Nähe einer Toilette bemerkt und nicht, zum Beispiel, auf dem Friedhof oder im Sessellift. Auch im günstigen Fall jedoch steht man dann als Vater eines kleinen *Mädchens* vor den beiden Türen mit der Aufschrift »Unheil« und »Verhängnis« und weiß: Wie immer man handeln wird, man handelt falsch. Schickt man die Tochter allein aufs Damenklo, wird sie sich dort einsperren und nicht mehr öffnen können. Tränen, Trauma, Schlüsseldienst. Geht der Mann mit ihr zu »Damen«, wird er verhaftet: Ruf ruiniert, Abstieg, Pennerelend. Also nimmt er das Mädchen mit zu »Herren«. Aber ist das das Wahre? Offene Hosen, finstere Blicke ...

Anders jedoch im »Heidiland«! Hier finden wir eine dritte Tür, Aufschrift: »Eltern mit Kind«. Drinnen Wohlgeruch, Ruhe, Intimität. Vorbildlich!

Danach fliegen wir geradezu nach Hause, erleichtert, voll Vorfreude aufs Wiedersehen. Die wochenlange Unterbrechung des Alltags, der familiären Routine, war erfrischend (auch für die Daheimgebliebene, wie sich zeigen wird). Der Hausmann mit Kind war ausgeflogen, hat den Freiraum vor der Schulpflicht genossen. Und fragt sich: Warum nutzen den Hausfrauen nicht millionenfach? Verreisend, über ihre Freizeit und potentielle Mobilität verfügen, auch wenn der Familienvater gerade nicht Urlaub hat?

Da gibt es wohl eine Art Präsenzpflicht, eine unreflektierte, in vielen Familien. Frau/Mann hat dazusein, auch wenn sie/er lieber mal weg und Zeit/Geld dafür vorhanden wäre. Auch wenn für das Dableiben, das manchmal nervende Zuhausesein keinerlei zwingender Grund vorliegt. Außer vielleicht Bratkartoffeln, die abends serviert sein müssen. Oder vorauseilende Eifersucht.

DIE UNGLEICHEN HÄLFTEN DES HIMMELS ...

... und das Vaterbild einer Hausmannstochter

Mama is' in Puerto Rico, beruflich, der Hausmann soll vier Tage nach Klagenfurt. Zum Wettvorlesen. (Das hat er davon, daß er schreibt über sein Dilemma.) Was machen mit dem Anhang? Mit der drängenden Herbstarbeit? Das Hauptproblem hat sechs Beine und will unbedingt mit, die Nebenprobleme wiegen mehrere Zentner. Er telephoniert, organisiert: In Ordnung, Kind und Hund können mitkommen. Für Lea gibt es sogar einen Gastplatz im Kindergarten, tausend Dank; Lilli kostet sechzig Schilling Aufpreis pro Tag. Na gut, dafür frißt sie halt statt Chappi nächstens das billige Loyal. (Wenigstens die Katze mit ihren vier Jungen will lieber zu Hause bleiben. Vernünftiges Tierchen.)

Aber die Äpfel! Zehn große Körbe voll! Sie fangen schon an zu faulen, müssen unbedingt jetzt verarbeitet werden. Zeit dafür wäre genug zwischen den Lesungen und am Abend. Das müßte doch machbar sein im Grandhotel Moser zu Klagenfurt? Vielleicht ein Eckchen in der Empfangshalle für den Häcksler und die Saftpresse, den Gaskocher und die Einmachtöpfe, für die etwa 200 Flaschen? Sonst bräuchten wir ja nur noch die Flotte Lotte, die Lea so gern dreht, die Weckgläser fürs Mus, die Gummikappen und -ringe ...

Ich habe dann, einer inneren Stimme folgend, die Leitung des Hotels Moser doch gar nicht erst gefragt wegen der Äpfel. Sechs Zentner faulten daheim still weiter.

Beim Wettbewerb der Publizisten in Klagenfurt hat Lea ihren Vater, den Hausmann, zum erstenmal als Berufsmenschen unter Kollegen erlebt. Gut so! Während der vergangenen fünf Jahre zwischen Küche und Kinderzimmer hat mich doch manchmal – je älter und wacher sie wurde, desto öfter – die unbehagliche Frage beschäftigt, ob das Vaterbild dieses Mädchens sich nicht zu einseitig entwickle. Papa, der Popoputzer, der Staubsauger, der Kartoffelschäler. Der Schaukelschubser. Der Mann mit den Edeka-Tüten. Als sie ungefähr vier war, äußerte Lea ihren ersten Berufswunsch: Sie wollte Sekretärin ihrer Mutter werden. Vor einem halben Jahr hat sie gefragt: Papa, warum kriegt immer nur Mama die Rechnungen?

Während dieses Kind seinen Vater fast ausschließlich als Hausmann erlebte, erfuhr es die Mutter doppelt bedeutend: sowohl als Berufsfrau und finanzielle Versorgerin der Familie wie auch, am Wochenende, als kuchenbackende Hausfrau und liebevolle Mami. (Daß diese Doppelbedeutung auch eine Doppelbelastung ist, ahnt sie freilich noch nicht.)

Leas Bild von der Mutter ist also gewiß wünschenswert. Aber das vom Vater? In einem Jahr kommt sie in die Schule. Wird sie bald ausgelacht werden, wenn sie Antwort gibt auf die fälligen Fragen? Haha, dein Papa ist Hausmann, ätschi, das ist doch nicht norma-al! Wird sie ihren Vater deshalb womöglich später verachten? Sie war ja noch lange nicht auf der Welt, als ich mein Berufsleben hatte und auch Rechnungen bekam. Werde ich ihr meine Ich-war-mal-Meriten jeden Morgen vorsagen müssen, bevor der Schulbus kommt, um sie zu wappnen gegen den Spott der Kinder mit »normalen« Vätern? Schreckliche Vorstellung.

Da haben Hausfrauen es besser als Hausmänner, denke ich. Sie sind der Regelfall. Sie plagt wenigstens kein Erklärungszwang, nicht vor den eigenen Kindern, nicht vor der Außenwelt. Wer teilt den Himmel in ungleiche Hälften?

In Klagenfurt hat mir ein Kollege gesagt, die gleiche Anzahl Frauen wie Männer lasse er in seinem Arbeitsteam nicht zu: »Sonst sind die Frauen die stärkeren.« Zwei Fragen dazu, Kollege: Warum sollten nicht, und sei's nur zur Abwechslung, auch einmal die Frauen dominieren in einer Runde von Entscheidenden? Würden sie schlechter entscheiden als Männer (obwohl sie doch »stärker« sind)? Oder hast du Angst, sie könnten dich dann draußen stehenlassen, so wie du sie jetzt? Diese Befürchtung wäre womöglich nicht unberechtigt.

Zweitens: Vorausgesetzt, deine Annahme stimmt – was eigentlich macht dann Frauen in gleicher Position und Zahl stärker als Männer? Mehr Ehrgeiz? Höhere Intelligenz? Der Sex? Geschlechtsinternes Solidarver-

halten im Gegensatz zu den Beißereien der Männchen?

Keine dieser Antworten leuchtet mir übermäßig ein, jede ließe sich entkräften. Wenn Frauen denn wirklich »stärker« sind als Männer, dann vielleicht diejenigen, die beide Seiten des Daseins ausleben, die liebend-nährend-sorgend-heilende *und* die kämpferische, außenbezogene, erfolgsorientierte. Dann aber, Kollege, dann wäre wohl auch klar, wie die Männer, die du meinst, nennen wir sie mal die schwachen Vollprofis, an Stärke dazugewinnen könnten. Nicht wahr?

WICKEL GEGEN WALLUNGEN

*Allein im Alltag – und rings-
herum nur Frauen*

Manchmal werden uns Zeichen beschieden. Obwohl innerlich ahnungsvoll, sträuben wir uns gegen ihre Bedeutung. Doch das Omen wiederholt sich, vielleicht in anderer Form, wiederholt sich abermals. Und wir müssen uns schließlich doch seinem Auftrag fügen. Zumal dann, wenn wir noch ganz im Einklang mit der geistbeseelten Natur leben, wie wir hier eine Autostunde östlich von München.

Am Himmel über Schloapfading hat neulich abends, als der Autor sinnend am Waldrand saß, das letzte Licht des Tages in einer dichten schwarzen Wolkendecke eine ovale Öffnung geformt, deren Ränder sich rosa kräuselten. Nein! trotzte der Autor himmelwärts, wenn du das meinst, darüber schreib' ich nicht! (Er hatte gerade darüber nachgedacht, worüber er schreiben sollte.) – Tags darauf erreichte ihn ein Leserbrief. Rudi G. aus H. mahnte fordernd: »Ich vermisse noch einen Beitrag über die erotischen Implikationen (oder Versäumnisse?) des Hausmann-Lebens.« Könnte dir so passen, dachte der Autor, dreister Spanner! Doch nun war der Gedanke in ihm geweckt.

Wenige Tage später. Morgens um halb neun, sein Kind war gerade aus dem Haus, klingelte beim Hausmann das Telephon. Hausfrau Anna M., eine Bekannte aus der Nachbarschaft, wünschte, überraschend, einen guten Morgen. Ihr Kind sei gerade aus dem Haus. Ob sein Kind auch schon aus dem Hause sei? Und was er vorhabe am Vormittag? Sie habe, Zitat, so Hitzewallungen.

Aha, dachte der Hausmann, sagte aber nichts dergleichen. Er versprach rasche Hilfe, nahm zwei frische Handtücher aus der Kommode und stieg eilends ins Auto. Anna M. erwartete ihn wie im Fieber.

Ruhig bat er sie, sich gleich aufs Bett zu legen und ein bißchen freizumachen. Er holte eine Schüssel mit kaltem Wasser, tauchte die Handtücher hinein und legte Anna M. an beiden Beinen Wadenwickel an. Dann sprach er noch ein paar beruhigend-freundschaftliche Worte, und als er wieder im Auto saß, spürte er auf dem Weg nach Hause nun seinerseits eine seltsame Hitze in sich, ein pochendes Drängen. Bilder stiegen verkehrsgefährdend in ihm auf, teils traumhaft, teils real.

Er sah sich, sein Kind an der Hand, umgeben von jungen Frauen, mit Kindern an der Hand. Beim Baden. Auf dem Spielplatz. Beim Kindergeburtstag. Er fühlte sich erotisiert, spürte Zärtlichkeit, für Gabi, Inge, Hedi, Karin, Moni, Ulla, Ulli, akut für Anna M. Er dachte: Verliebe ich mich denn in alle Frauen, die nett sind zu meinem Kind? Kindergärtnerinnen war er sowieso verfallen, das wußte er seit dem Moment, als er seine Tochter zum erstenmal glücklich mit einer herumbalgen sah. Als Hausmann teilte er seinen Alltag eben nicht mit Männern, sondern mit Frauen, das brachte die Sache einfach mit sich, und beim Gedanken an eine *Spiegel*-Überschrift, die gelautet hatte »Hausmänner – lieb, aber uninteressant«, fing er an zu grinsen: Seid ihr da so sicher, ihr Herren Redakteure? Ihr sitzt doch jeden Tag schon morgens im Büro, was wißt ihr denn von den Hitzewallungen eurer Frauen am Vormittag? Von freundschaftlichen Wadenwickeln und so weiter?

Er fuhr durch Arwlfing, Schloapfading war schon nahe. Vor dem Edeka stapelten sich Pampers palettenweise, und das Bild begehrenswerter Frauen vor seinem inneren Auge wurde verdrängt von dem eines Kleinmädchenpopos, der sich ihm vertraut entgegenreckte; im Geiste prüfte er ihn gleich auf entzündete Stellen. Seit fünf Jahren denke ich dabei doch immer nur an das eine, konstatierte er: Wo ist die Weleda-Creme? Seine Temperatur normalisierte sich rasch. Die frühere lustvolle Neugier aufs Zentralorgan des anderen Geschlechts war einer Art sachlichen Respekts oder respektvoller Sachlichkeit gewichen (de facto; Phantasien waren was anderes). Und hatte dieser Wandel nicht schon mit der Geburt begonnen, mit dem krassen Geschehen im Kreißsaal? Er kannte Männer, die sagten, sie würden nie mehr direkt daneben stehen wollen, wenn der Kopf austritt und alles andere nach und nach.

Aber so empfand er nicht. Er würde wieder teilhaben wollen wie beim ersten Kind. Libidinöse Verluste wurden für sein Empfinden vielfach aufgewogen durch

emotionalen Zugewinn und durch die neue, andere Liebesbeziehung zum Kind. Und dann kam ihm der Gedanke: Wer sein Kind von Anfang an intim erlebt, es jahrelang wickelt und versorgt, der wird es niemals mißbrauchen.

Als er zu Hause ankam, war ihm jedenfalls klar, was er tun wollte, jetzt sofort. Er hatte die Zeichen verstanden. Er würde sich hinsetzen und schreiben: über die erotischen Implikationen (oder Versäumnisse?) des Hausmann-Lebens.

Doch schon beim Aufsperren der Haustür hörte er das Telephon läuten. Er stürzte zum Hörer: Es war Anna M. Ihr sei schon wieder so heiß, ob er vielleicht noch einmal . . .? Der Hausmann sah auf die Uhr, es war erst kurz nach zehn. Seufzend stieg er wieder ins Auto.

IM SEXUELLEN SUPERMARKT

Haben Sie mit Ihren Eltern
in der Badewanne gesessen?

Noch Herbst? Schon Winter? Zu Schnee wird der Regen, je länger ich schaue, und Nebel hängt draußen im Fichtengeäst. Durcheinander im Flug schrei'n eifernd die Krähen. Doch drinnen, hihi, gibt's ein Badefest.

Zumal bei solchem Sauwetter pflegt Barbara nämlich am Sonntagvormittag mit Lea in die Wanne zu steigen. Und da wir uns hier am Schreibtisch, geneigter Leser, Wand an Wand mit dem Badezimmer befinden, aus dem es anregend platscht und kichert, könnten wir doch mal ein paar freimütige Gedanken riskieren ... ich rechne mit Ihrer Diskretion ... zählen Sie auf die meine ...

Waren Sie als Kind je mit Ihrer Mutter in der Badewanne? Mit Ihrem Vater? Haben Sie Ihre Eltern, abgesehen von verbotenen Blicken durch den Türspalt, nackt erlebt? Wenn ja, dann haben Sie dem gewesenen Knaben R. etwas voraus. Das Anschaulichste, was ihm seine frühe Jugend in dieser Hinsicht gönnte, war, neben den erwähnten Durchblicken, der »Mona«-Unterwäschekatalog, in dem bei allerschärfstem Hinse-

hen sich manches Geheimnis der weiblichen Anatomie zumindest schattenhaft erahnen ließ – mein Gott, was waren das für prüde Zeiten! Und wie drastisch haben sie sich geändert! Heute stehe ich mit Kind und Einkaufswagen gutbürgerlich vor der Kasse des Edeka-Ladens an, in der hohlen Gasse, die links vom Überraschungseierregal gebildet wird und rechts von der Zeitschriftenstellage – und weiß nicht, wohin den Blick wenden angesichts der knalligsten Sex-Titelbilder. Vor uns Frau Huber (»Hallo, wie geht's?«), hinten Frau Schmitz (»Was macht die Grippe?«) und seitlich im Augenwinkel entblößte Hintern, monströse Busen. Ist mir immer noch peinlich, diese Standardsituation unseres freizügigen Alltags.

Kann aber gut sein, daß unsere Kinder in den ganz locker hineinwachsen. Was beobachten Eltern von Halbwüchsigen? Wenn der prüde Zeitgeist von einst den Voyeurismus nährte, die Heimlichtuerei, welche Prägungen formt dann die herrschende sexuelle Offenheit? Frühen Überdruß, Entzauberung? Oder schafft sie einfach den Heranwachsenden die Möglichkeit, im sexuellen Supermarkt relativ entspannt herumzuschauen, zu bummeln, zu wählen.

Als Vater einer Fünfeinhalbjährigen müßte man sich vielleicht noch nicht allzu schwere Gedanken machen über die Sexualität seines Kindes. Andererseits: Sein Vierjähriger, höre ich von einem Freund, hat schon die ersten Erektionen. Mit sieben, erzählt eine Freundin, erlebte sie ihren ersten Orgasmus (ohne zu wissen, *was* sie da erlebte; weil's schön war, hat sie es aber fortan zur Gewohnheit werden lassen). Und mich haben vor Jahren die sechs- und siebenjährigen Töchter zweier Mitbewohnerinnen sehr verlegen gemacht, die absichtsvoll in mein Wohngemeinschaftszimmer kamen, als ich mich gerade anzog, und kichernd verlangten: »Du, kannst du mal machen, daß dein ...« Sie haben, was sie sehen wollten, nach mehreren Lachanfällen herausgedruckst; es zu wiederholen, schaffe ich hier nicht. Daß das eine sexuell ziemlich aktive Wohngemeinschaft war, hat die Neugier dieser Kinder, denke ich heute, sicher gefördert.

Vielleicht ist es also so, daß kindliche Sexualität anfangs rein physisch ist (wie bei dem vierjährigen Bübchen), daß sie später, je mehr sie durch den Kopf geht, auch ein Reflex ist auf die kindliche Umgebung. Schon der Anfang von Kindern ist ja, nicht wahr, irgendwie sexuell. Und als wir dann schwanger waren, Barbara und ich, haben wir natürlich wie alle werdenden Eltern gern mit der Frage gespielt: Was wünschst du dir, Bub oder Mädchen? Unsere Präferenzen waren klar auf das jeweils andere Geschlecht gerichtet. Barbara wollte einen Buben, ich ein Mädchen. Hatte auch dies etwas mit Sexualität zu tun? Darf es überhaupt, diesseits von Mißbrauch, so etwas wie ein erotisches, gar sexuelles Verhältnis zwischen Eltern und Kindern geben? (Darf man überhaupt die Frage stellen?)

Barbaras Wunsch nach einem Buben war familiengeschichtlich begründet: Sie ist die einzige Tochter der einzigen Tochter einer einzigen Tochter, noch dazu vaterlos aufgewachsen wie schon ihre Mutter und Großmutter. In ihrer werdenden Familie wollte sie Männer, kleine oder große, jedenfalls Männer. Meine Motivation war anders (weiß freilich nicht, ob ich ihre Tiefen überhaupt erkenne). Ich wollte ein Mädchen, weil mir bewußt war, daß ich als künftiger Hausmann von Anfang an mit dem Kind sehr intim zusammen sein würde. Und intimen Körperkontakt war ich gewohnt mit weiblichen Wesen, nicht mit männlichen. Das andere Geschlecht war mir in all den Erwachsenenjahren, die ich das Bett mit Frauen geteilt hatte, auf eine Weise vertrauter geworden als mein eigenes.

Inzwischen erfreut Lea, natürlich, unser beider Herz. Wenn ich gleich hinübergehe ins Badezimmer, wo es seit einer Weile nicht mehr plätschert, nur noch plappert, sitzen Mutter und Tochter vermutlich mehr oder weniger nackt auf dem Teppich und wedeln ihre Fingernägel trocken. Barbara freut sich, daß sie ihre trotz Berufsalltag und Ernährerrolle sehr ausgeprägte Weiblichkeit mit einem Mädchen teilen kann (und nicht mit einem Sohn womöglich zum Fußballplatz muß). Und mir verdunkelt sich in meinem Alltag als Hausmann und Tochtervater zunehmend der Sinn eines Satzes von Simone de Beauvoir, den ich früher unklar als Vorwurf empfand: »Man kommt nicht als Frau zur Welt, man wird dazu gemacht.« Wie hat sie das gemeint? Madame war doch selbst weiblich-elegant (hat sich vielleicht sogar die Nägel lackiert) und war doch stark und bedeutend. Was ist schlimm daran, wenn ein Mensch sich im Spiegel von Eltern und Umwelt zur Frau formt? Oder zum Mann?

INVENTUR DER KUSCHELTIERE

Was schenkt man dem Kind,
das alles schon hat?

Was schenkt man seinem Kinde? Aus gegebenem Anlaß – es ist eine Woche vor Weihnachten – habe ich gestern Leas Kuscheltiere inventarisiert. Sie sitzen in ihrem Zimmer teils auf einem Wandbrett, teils liegen sie durcheinander in einem Korb, zwei bis vier häufig wechselnde Favoriten dürfen mit in ihr Bett. Daß es viele sind, wußte ich: Letzte Woche hat sie eines Nachmittags alle samt und sonders die Treppe heruntergeschmissen, ins Wohnzimmer geschafft und sie, während ich nebenan in der Küche saubergemacht habe, unter geschäftigem Gemurmel auf der Couch drapiert: »So, du kommst dahin, du nimmst den Kleinen da auf den Schoß, du sitzt hinten, weil du groß bist . . .« Mit all dem war sie, mir wohlgefällig, fast eine Stunde lang beschäftigt. Erst als sie fertig war, durfte ich ins Wohnzimmer kommen, und mein bewunderndes Erstaunen über ihr Arrangement war nicht geheuchelt. In vier ansteigenden Reihen besetzten die Plüschtiere fast die ganze Couch, saßen da schön ausgerichtet mit dem Blick nach vorn, fast als warteten sie auf etwas . . .

»Rate mal, auf was die alle warten, Papa!« – »Worauf denn?« – »Die wollen, daß du den Fernseher anmachst.« – Ahaaa! Schlaues Mädchen. Sie hatte mich gewonnen. Wir quetschten uns zwischen die Menagerie und schauten einen Tierfilm an.

Aber zurück zur Inventur der Kuscheltiere (über Fernsehen mit Lea ein andermal): Es handelt sich, ich nenne die Zahl nicht ohne Hemmungen, um genau vierzig Stück. Davon sind Hasen: 5, Bären (incl. Pandas): 10, Enten: 3, Schweine: 2 plus 3 von der Muttersau mittels Klettband abreißbare Ferkel, Löwen: 2, Elefanten: 2, Hund, Frosch, Kuh, Nilpferd, Murmeltier, Wellensittich: je 1, undefinierbar: 7.

Es ist nicht zu fassen. Wie kommen vierzig Plüschtiere in den Besitz eines noch nicht sechsjährigen Kindes? Wir sprechen hier nur von den Stofftieren, wohlgemerkt. Solche aus Holz, Plastik, Hartgummi etc. wären erst noch und eigens zu erfassen.

Ach Gott ja, der Überfluß! Die Schlaraffisierung der Kindheit! Leas Plüschtiere sind ja nur ein Beispiel. Ich hätte auch ihre Bücher nehmen können oder ihre Puppen, ihre Puzzles, ihre Musikkassetten, ihre Kleidung. Von allem hat das Kind, seien wir ehrlich, mehr als nötig, mehr als zuviel. Man könnte bitter werden, wenn man an seine eigene karge Kindheit denkt, nicht wahr? Zum Kuscheln im Bett gab's den Zipfel des Strohsacks. Die knolligen Kartoffeln, die wir für Puppen nahmen, wurden mittags gegessen. Und zur Schule gingen wir im Winter auf den Händen, damit unsere unbeschuhten, rachitischen Füßlein nicht erfroren – kann mich noch gut an all das erinnern.

Heute dagegen? Vierjährige besitzen fünfzehn Anoraks, Achtjährige bestehen auf Diesel-Jeans und Converse-Schuhen, Zwölfjährige gehen zum Schönheitschirurgen. Verwöhnte BOWIBIPS (»Born With Best Income Parents«, also Kinder von Gutverdienenden) werden zu konsumgeilen SKIPPIES (»School Kids With Income And Purchasing Power«: Schulkindern mit Einkommen und Kaufkraft). Und ihre Erzeuger benehmen sich nicht wie Eltern, die gelegentlich auch mal nein sagen, sondern wie Narren und Zofen der kleinen Herrscher, deren Frühstückswünsche zum Tagesbefehl werden.

So jedenfalls schildert es Astrid von Friesen in ihrem Buch »Geld spielt keine Rolle – Erziehung im Konsumrausch« (Rowohlt). Für viele Jugendliche, konstatiert die Autorin, ist das richtige Outfit schon zum Religionsersatz geworden. Und obwohl sie alles hätten, die SKIPPIES und BOWIBIPS, würde ihnen das Wichtigste fehlen: die Fähigkeit, sich freuen zu können.

Schrecklich, schrecklich, was sollen wir Eltern bloß tun? Bitte, wissen Sie Rat, A. von Friesen? Aber ja doch. Die Autorin rät uns, zur »Neuen Bescheidenheit« der GRUMPS. Die sind »Green, Responsible, Unassuming, Moderate, and Poverty Seeking«, also grün, verantwortungsbewußt, anspruchslos, maßvoll und auf der Suche nach Armut.

Jawohl, das isses! Ich war drauf und dran, mit Lea in eine Erdhöhle umzuziehen, da erlebte ich ein paar Dinge mit ihr, die mich Hoffnung schöpfen ließen – trotz ihrer drei Dutzend Haargummis. Erstens entdeckte sie, gefördert durch den Kindergarten, ihre Freude am Basteln mit Holzresten. Sie sägt und hämmert und leimt, nennt das, was dabei herauskommt, »Vogelhäuschen«, »Briefkasten«, »Fensterrahmen« und ist dabei sehr mit sich zufrieden. Zweitens lernt sie gerade, das Radfahren zu beherrschen. Das hat lang gedauert, weil es um unser Haus herum keinen Asphalt gibt, keine glattbetonierten Flächen. Vor ein paar Wochen hat sie aber verlangt, daß ich ihr – »endlich!« – die Stützräder abmontiere, und seither übt sie, das Gleichgewicht zu halten, mit mir hinterherrennend, die Hand am Sattel. Neulich hat sie nun tatsächlich die ersten zwanzig, dreißig Meter ganz ohne meine Hilfe geschafft, abenteuerlich schwankend: Ihr Glücksgefühl, ihre Freude waren unbeschreiblich. Mir schien, als liebte sie nicht nur sich für diesen langersehnten Erfolg, sondern auch mich.

Drittens. Neulich schicke ich Lea hinauf in ihr Zimmer, sich eine frische Unterhose zu holen. Sie geht, sie bleibt, sie kommt nicht wieder. Zehn Minuten später schaue ich nach. Sie sitzt vor der Wäschekommode und wirft etwas Zusammengeknülltes in die Luft: »Papa, schau, ich kann drei Unterhosen fangen! Papa, wir spielen, die täten ein ganz schwerer Stein sein, ja? Und wer den fangen können täte, der täte die Königstochter heiraten dürfen, aber nur wir zwei täten den Stein fangen können, gell Papa? Papa, was tät' die Königin sagen, wenn wir die Tochter kriegen, die ihr gehört?«

So, und danach behaupte ich jetzt, laienhaft, ohne weitere Feldforschung, daß auch Wohlstandskinder

phantasievoll spielen und Freude an »Kleinigkeiten« empfinden können – wenn zuallererst ihr Grundbedürfnis nach Liebe und Selbstliebe und Zuwendung erfüllt ist.

Übrigens weiß ich nun auch, was ich Lea schenken werde: einen Fahrradhelm, dazu Knie- und Ellbogenschützer. Und vielleicht ein paar neue Unterhosen, für ihre Fangspiele. Nehmen wir doch einfach mal an, es werden, trotz Überfluß und Massen von Geschenken, frohe Weihnachten.

LEA IM JAHRE 2070

Eine Art Silvesterpredigt:
Was ich meiner Tochter gern
mitgeben möchte

Es ist jetzt bei uns wieder die Zeit des Jahres, nur wissen es die wenigsten, wo man frei seiner Nase nach gehen kann, so weit man möchte. Sofern man möchte. Das Land steht offen; schon gemerkt? Gut, vielleicht ist hier und da ein Weidezaun zu übersteigen. Aber sonst – Wege binden uns nicht. Umwege brauchen wir nicht. Felder und Wiesen sind abgeerntet, für Fußgänger ist alles frei begehbar. Wenn jetzt noch der Frost den Boden härtet, hindert uns nichts daran, unserer liebsten Richtung treu zu bleiben.

Einer spazierte Leipzig–Sizilien, einer ging Starnberg–Paris. Einer geht von der Bretagne nach Dresden. Und einer, den kenne ich gut, hat auf Schnee gewartet, dann die Stadt mit der Trambahn verlassen. Endstation München-Grünwald. Es war Januar. Wo der Asphalt endet, stieg er auf die Ski, die nicht länger waren als sein Rucksack hoch. Er glitt und ging nach Süden, isaraufwärts in die Berge, dann wandte er sich nach Westen. Ende August stand er auf dem Montblanc; er hatte sich Zeit genommen.

»Alles ginge besser, wenn wir mehr gingen.« Ich komme darauf, weil wir uns gegenwärtig ja zunehmend sorgen, wie das alles weiter*gehen* wird: a) für uns, b) für unsere Kinder, c) global und überhaupt. Lea zum Beispiel ist 1987 geboren. Statistisch hat sie eine Lebenserwartung von 80,3 Jahren. Das heißt, sie lernt womöglich noch den Zustand der Welt um das Jahr 2070 kennen. Was für Aussichten! Überbevölkerung. Andrängen der Armen. Verteilungskriege. Gewalt. Vergiftete Umwelt. Wir wissen ja etwa, was auf uns zukommt.

Was wird mein Kind erleben? Wie bereite ich es darauf vor? In unserem Winkel auf dem Land möchte ich Lea noch immer am liebsten Augen und Ohren zuhalten vor den Schrecken der Welt – so wie sie selbst es macht, wenn Shir Khan, der böse Tiger, den Moglie bedroht. Aber das funktioniert natürlich nicht auf Dauer, und warum es sogar bei uns in Arwlfing eine Lichterkette gegen Ausländerfeindlichkeit gab, das hat der Hausmann seiner Tochter bereits erklären müssen.

Die Ermutigung, die ich Lea mitgeben will, hat ebenso wie meine eigene Hoffnung etwas mit dem Gefühl der Beruhigung und der Geborgenheit zu tun, das ich auf sentimentalen Fußreisen erlebe. Sie war dreieinhalb, als ich zum erstenmal mit ihr draußen in den Bergen übernachtet habe. Unterhalb eines Chiemgauer Gipfels haben wir uns nahe einem Bach die schönste, die mütterlichste Fichte ausgesucht. Zwischen ihren starken Wurzeln habe ich Lea aus unseren Schlafsäcken und Jacken ein Nest für uns bauen lassen.

Dann haben wir dürre Zweige und harzige Äste gesammelt und am Fußende der Lagerstatt ein kleines Feuer gemacht. Nudeln gekocht, als es dämmerte. Honigtee dazu, Pudding als Nachspeise. Es war schön zu sehen, wie das Kind im Ungewohnten das Gewohnte genoß, wie das Gefühl des Behütetseins die Oberhand gewann über ihre Ängste: vor der Dunkelheit, vor unbenannten Tieren, vor dem Rauschen der Nacht in den Wipfeln. Das Feuerchen glühte, der Mond stieg auf, das Kind lag eng zwischen Vater und Hund. Als es erwachte in der fremden, windigen Kühle des Morgens, da stand seine warme Milch schon neben dem Frühstücksfeuer.

Urvertrauen. Würde ich morgen zu Asche und dürfte meinem Kind vorher aus dem Grabbelsack menschlicher Möglichkeiten noch zwei Geschenke herausholen, es wären ebendiese: Vertrauen in menschliche Beziehungen und Vertrautheit mit der Natur. Ich hoffe, ersteres hat sie schon in sich. Wenn ich es richtig sehe, hat Lea in ihren prägenden Kindheitsjahren die große Pein des Verlassenwerdens, Abgelehnt- und Nichtgeliebtseins, die Menschen fürs ganze Leben schädigen kann, nie erfahren müssen.

Das zweite, den vertrauten Umgang mit der Natur, will ich sie lehren, weil er mich selbst stärkt, wann immer ich ihn pflege. Es ist eine gute Gewißheit, sich aufgehoben zu fühlen unter freiem Himmel, Genuß zu finden in der Beschränkung, Selbstsicherheit in der Selbstversorgung. Und weil zur Natur der Mensch gehört, läßt sich auch Menschlichkeit dort lernen, denke

1993

ich, die Fähigkeit, nicht nur das einzelne, das Ich, die Materie zu denken und zu fühlen, sondern das Ganze, den Zusammenhang der Menschen und der Welt. Mein Feld, Lea dies zu vermitteln, ist die Naturerfahrung, die ich aber nicht absolut setzen will: Andere Lebensbereiche sind dafür genauso geeignet.

Wir kommen zum Ende unserer Silvesterpredigt – aber apropos Ende: Ist die Frage nach der Zukunft nicht auch die Frage nach dem Tod? So klein sie ist, Lea spürt schon den Zusammenhang und fragt entsprechend. Was sagt man seinem Kind, das am Anfang steht (wahrscheinlich), über das Ende? Vielleicht kann ich ihm – und mir – begreiflich machen, daß jeder von uns, mag seine Angst vor der Zukunft noch so groß sein, nur ein Ende zu bestehen hat. Daß wir im Tod zu Erde und wieder fruchtbar werden, daß wir dem Ende also vielleicht seinen Schrecken nehmen, wenn wir uns schon zu Lebzeiten mit ihr, der Erde, verbinden. Oder mit dem Himmel, meinetwegen.

SIEBECK, SIE HALTEN SICH RAUS!

Leas Wunschmenü: Würstchen, Pommes, Eis und Fanta

Heute sprechen wir unter uns Hausfrauen einmal wieder über die leidige Frage, was wir unseren Kindern Tag für Tag kochen. Siebeck, Sie halten sich raus, ja? Mit Ihnen würde alles nur noch komplizierter. Was glauben Sie zum Beispiel, wohin die Kinder neulich Ihr getrüffeltes, flambiertes, cayennegepfeffertes Festmenü gespuckt hätten, mit Verlaub? Aber, Siebeck, Sie dürfen zuhören. Vielleicht lernen Sie noch was dazu, pommesmäßig.

Damit sind wir bereits im Kern des Mysteriums »Was Kinder gern essen«. Zwischen Pommes in ihrer Eigentlichkeit und Kindern als solchen waltet, wie alle Eltern wissen, ein Absolutum, ein Unabweisliches, schlechthin die Unio mystica, mit Ketchup als Bindemittel. Und niemand kennt letztlich den Grund. Freud hat in einer frühen Studie (bald nach Geburt seiner Tochter Anna!) über formbedingte Zusammenhänge zwischen Kartoffelstäbchen und Penis spekuliert (Abbeißen gleich Kastrationswunsch!), hat diese Annahme aber später verworfen (wohl auch, weil Anna sich später Bandnudeln zuwandte!). Seither schweigt zum Thema Pommes die Wissenschaft. Es schweigt die Pädagogik, die Philosophie, leider auch der Strukturalismus.

Wer dazu nicht schweigt, sind die Kinder. Lea, meine persönliche Tochter, kriegt Pommes von mir einmal die Woche. Das ist eine feststehende Regel, die ich nicht selten durchsetze. Ich schnitze die Pommes von Hand aus festkochender Bioware; die tiefgekühlte, ranzig schmeckende Fertigware im Plastiksack lehnen wir meistens prinzipiell ab. Dazu reiche ich Ketchup, ebenfalls aus dem Naturkostladen: enthält weder »Glukosesirup« noch Zucker noch »natürliche Aromastoffe«. Guter Geschmack, gutes Gefühl. So wird eine Pommes-Mahlzeit zum kontrolliert vollbiologischen Ganzwertessen, suggeriere ich mir selbst.

Warum essen Kindern so gern Schrott? *Junk food*? »Weil Erwachsene es ihnen vormachen«, wäre auf diese Frage vielleicht eine richtige, sicher aber die unangenehmste Antwort. Lieber erinnere ich mich daran, wie ich Lea die erste Löffelmahlzeit gab – ach, war das nett! Sie war fünf Monate alt, kannte kulinarisch bis dato nur Mutterbrust und Fläschchen. (Ich gebe zu, daß mich die ausschließliche Intimität zwischen Mutter und Kind während des Stillens manchmal neidisch gemacht hat: ein wahrhaft existentieller Vorgang, zu dem wir Männer bestenfalls glückliches Glotzen beisteuern können. Vielleicht habe ich deshalb für den ersten Versuch mit dem Löffel einen Moment gewählt, als ich mit dem Kind allein war.) Ich höre noch, wie beim Öffnen das Breigläschen klickte, ich sehe das fassungslose Stau-

nen auf Leas Gesicht, als der erste Happen Karottenschmiere ihre Geschmacksnerven erregte. Ihre Augen weiteten, ihr Körper straffte sich, ihr Kopf ruckte mit schnappendem Mündchen suchend hin und her. Ihr ganzer Ausdruck signalisierte: Sensation! Hamham! Mehr! Mehr!

Tja. Es war einmal. Heute, fünf Jahre und eine Million Mahlzeiten später, ist es eher schwierig, Lea Karotten schmackhaft zu machen. Ein von ihr zusammengestelltes Wunschmenü wäre vor allem absolut salat- und gemüsefrei und würde, derzeit, etwa so aussehen:

VORSPEISE
Kartoffelchips
SUPPE
Backerbsen (ohne Suppe)
ZWISCHENGERICHT
1 Wiener Würstchen (kalt)
HAUPTGERICHT
Pommes an Ketchup, wahlweise: Schinkennudeln
NACHSPEISE
Eis am Stiel, wahlweise: Eis ohne Stiel
GETRÄNKE
Fanta. Cola. Spezi

Aber immerhin, schon bei relativ sanften Zwangsmaßnahmen ißt dieses Kind doch auch hin und wieder Rotkraut, Zucchini, ja sogar Karotten. Auch mag es Obst und Fruchtsäfte, auch sagen erfahrene Mütter von lebenden Teenagern dem besorgten Hausmann: Die holen sich schon, was sie brauchen!

Also gut, Kind: Iß, was du willst! Ich widme dir hiermit ein einschlägiges Liedchen, mit dem du, so hoffe ich, bei einer der beliebten Musiksendungen des Fernsehens für den volkstümlichen Nachwuchs bald großen Erfolg haben und deinem Vater dank Tantiemen und Verwertungsrechten einen angenehmen Vorruhestand ermöglichen wirst. Ich nenne es die »Schinkennudl-Polka«. Es lehnt sich eng an die »Schützenliesl-P.«, eine Weise, deren zentrale Aussage (»... dreimal hat's gekracht ...«) wohl jeder deutsche Mensch unauslöschlich in sich trägt.

Hier ist sie also, unsere kleine Lea aus dem Chiemgau, begleitet von ihrem Papi an der gedeckelten Bratpfanne, mit der »Schinkennudl-Polka«!

Schin-ken-nudln / dreimal jeden Tag ja, ja, ja / Schinken-nudln / weil ich Schinkennudln mag ja / Schinken-nudln / Papa, sag' ich dir / kochst du mir die Schinkennudln / dann bleib' ich bei dir! Holaredihoditi ... (Jodler)

DANKE FÜR DIE BRIEFE!

*Leserpost erfreut den Autor –
er will sich revanchieren*

Der Hausmann plant, demnächst das Münchner Olympiastadion zu mieten und alle, die ihm geschrieben haben, auf ein Täßchen Kaffee einzuladen. Au ja! Das wird ein spannendes Treffen, Aug' in Auge; denn unwillkürlich macht man sich doch beim Lesen ein Bild: Wie der wohl aussieht? Und die, und die, und die ...

»Hausmanns Dilemma« veranlaßt viele Leser zu schreiben, die meisten zustimmend, manche ablehnend. Sind es so viele, weil die Kolumne »wachruft, daß noch ganz andere Lebenseinrichtungen möglich sind als die herkömmliche«? So sieht es Michael M. in Frankfurt/Main, und es geht mir wie Ihnen, lieber Leser: Unsere Lösung hier in Schloapfading, wie Sie sie skizzieren – »Frau, Tochter, Natur und das Schreiben als zusätzlicher Pluspunkt, der eben auch zum Leben gehört: Erfolg nach außen« –, dies alles empfinde ich auch selbst als »Glücksfall« (als potentiell fragilen übrigens), für den ich dankbar bin.

Gerade dies aber, der Glücksfall eines Rollentausches, scheint andere Briefschreiber zu erbittern. So

POST

Ursula M. in Biberach: Sie legen mir, liebe Leserin, die Deutsche Hausfrauengewerkschaft (5300 Bonn 1, Postfach 14 62) ans Herz und mahnen, ich solle nicht meinen »Sonderstatus« schildern, sondern »realistisch« die häusliche Erziehungs- und Pflegearbeit im Alltag der Mehrzahl der Hausfrauen. Seufz. Muß ich wirklich? Ehrlich gesagt, derartiges im Verhältnis eins zu eins würde ich wahrscheinlich nicht einmal lesen wollen, geschweige denn beschreiben. Eher will ich mich ja an meiner Schreibarbeit sozusagen selber ein Stück herausziehen aus dem alltäglichen, oft so langweiligen Küche-Kind-Realismus – so wie Sie vielleicht an Ihrem Engagement in der Hausfrauengewerkschaft? Die meisten Hausfrauen haben heutzutage, bevor das erste Kind kam, im Beruf gearbeitet und entsprechende Selbständigkeit genossen: Wohl deshalb gelingt es nur den allerwenigsten, mit einem ausschließlich innerfamiliären Binnendasein ohne produktive Außenbezüge ganz zufrieden zu sein. (Mir sowieso nicht.)

Ob sich an dieser Unzufriedenheit durch ein staatliches »Hausfrauengehalt«, wie Sie es fordern, etwas ändern würde? Vielleicht, aber ich halte diesen Anspruch für nicht finanzierbar und für utopisch auch aus anderen Gründen. Richtig finde ich, daß die Hausfrauengewerkschaft Druck macht für finanzielle Gleichberechtigung und Rentengerechtigkeit in der Ehe; anregend ist insgesamt die Theoriediskussion in Ihrer *Rundschau*. Danke für die Exemplare.

Liebe Elisabeth W. in Salem, Sie haben schon recht: Zur Hausfrau oder zum Hausmann machen einen vor allem die Kinder, nicht die Hausarbeit. Sie sind es, weswegen man zu Hause ist. Lassen Sie sich in Ihrem positiven Grundgefühl durch die »anderen Perspektiven« von außen her nicht zu sehr irritieren! Und wenn Sie sich »allmählich wieder beruflich startklar« machen wollen: Denken Sie daran, daß Sie in Ihren Hausfrauenjahren sogenannte weiche Managementqualifikationen dazu erworben haben: Flexibilität, Kooperations- und Organisationstalent, Belastbarkeit. Alles Gute.

Liebe Anneliese H. in Frankenthal, es ist also tatsächlich »bereits erforscht worden, daß Männer zum Beispiel nicht Wäsche sortieren können«? Da bin ich aber geplättet. Erinnert mich an die Forschungen von anno dunnemals, die bewiesen haben, daß Frauen zum Beispiel nicht rechnen können dürfen, rein gehirnstrukturmäßig. Sie fragen konkret: »Wer macht bei Ihnen zu Hause die Waschmaschine zum Betrieb bereit, Herr Dilloo? Sie oder Ihre Frau?« Ich erhebe mich respektvoll und treffe nach bestem Wissen und Gewissen folgende Aussage: Die Woche über wasche ich; am Wochenende, wenn sie daheim ist, wäscht Barbara. Neulich hat sie einen empfindlichen Pullover von mir geschleudert und auf Kindergröße reduziert. Ich habe mal eine Partie ihrer seidenen Unterwäsche farblich versaut, weil ich nicht aufgepaßt und irgendwas Auslaufendes von Lea mit in die Maschine geschmissen habe. So was passiert, aus so etwas lernt man, so was erlaubt aber doch nicht im Ernst geschlechtsspezifische Verallgemeinerungen, oder?

In einem anderen Punkt gebe ich Ihnen recht, Frau H: »Das Leben eines Hausmanns unterscheidet sich gründlich von dem einer Hausfrau.« Er gehört, schreiben Sie, einer »Elite« an – bißchen großes Wort vielleicht, sagen wir einer experimentellen Minderheit, der öffentlich teils Verachtung, teils in der Tat Respekt zuteil wird, mehr jedenfalls, als die »normale Hausfrau« erwarten muß oder darf.

Liebe Madeleine G. in Haifa: Ihr Brief berührt mich sehr, ich danke herzlich. Sie hätten »gern so einen Vater gehabt«: Ich auch, wenn ich das so schlicht und unbescheiden sagen darf. Vielleicht bin ich wegen des Defizits »so ein Vater« geworden. Es ist schon jammervoll zu denken, wieviel an »Liebe, Wärme, Nähe« (Ihre Worte) den Vätern entgeht, die ihre Kinder in erster Linie auf Distanz halten. Aber wissen Sie was, ich glaube, deren Zahl nimmt ab von Generation zu Generation. In den Familien um mich herum sehe ich jedenfalls viel schöne, selbstverständliche Intimität zwischen Vätern und Kindern, auch dort, wo die Männer »normal« tagsüber zur Arbeit gehen. Ich hoffe mit Ihnen.

Der Rest dann mündlich im Olympiastadion! Zum Kaffee offeriere ich wahlweise Mohrenkopf oder Fischsemmel, wenn's recht ist.

WER HÄLT WEN AUS?

Von blauen Scheinen und goldenem Herrenschmuck

Unanständigerweise habe ich Barbara und ihre Freundin Helma neulich bei einem Gespräch belauscht, das ganz und gar nicht für meine Ohren bestimmt war. Aber bitte, eigentlich konnte ich gar nicht anders – urteilen Sie selbst.

Helma war zu Besuch; nach dem Abendessen brachte ich Lea ins Bett, während die Damen beim Cognac plauderten, und ging dann in meiner feinfühligen Art noch eine Weile mit dem Hund spazieren. Als ich zurückkam, verwickelte ich mich nun genau vor dem offenen Wohnzimmerfenster so unglücklich in die Leine des täppischen Tieres, daß ich minutenlang – absolut gefesselt, praktisch zu völliger Unbeweglichkeit, auch sogar schockbedingter Sprachlosigkeit verurteilt – dem Gespräch der beiden folgen *mußte*! Nolens volens! Sie verstehen das? Haben ähnliches schon erlebt? Danke.

Also, es ging um Geld. Die beiden Frauen sprachen über ihre Situation als Ernährerinnen der Familie. Auch Helmas Mann, ein Architekt, ist nämlich Hausmann und trägt, wie ich, nur unwesentlich zum Familieneinkommen bei. Es war eine Art einvernehmliches, irgendwie aber heiteres Geseufze zwischen den Frauen, so von der Art: Ach, haben wir's schwer, immer das ganze Geld ranschaffen, aber nett ist es doch, würdest du mit ihm tauschen wollen? Nee, ich auch nicht! Kichern, Glucksen, Fröhlichkeit.

Meine Ohren waren heiß geworden (vom Kampf mit der Hundeleine), als ich Helma sagen hörte: »Aber weißt du, wenigstens müssen wir die Kerle nicht auch noch mit Perlen und Pelzen behängen!« In das folgende Gelächter trat ich, befreit, mit ausdrücklichem Getrampel, und es wurde noch ein amüsanter Abend – wenn auch von einem Lauern, wie mir schien, eigenartig grundiert.

Seither werde ich das Gefühl nicht los, ich sollte mich schon aus Gründen der Parität für vierstellige Jackettpreise und schwergoldenen Herrenschmuck interessieren. Aber natürlich bleibe ich vernünftig und bescheiden (wie in Wahrheit ja auch 99 Prozent von euch Hausfrauen da draußen, nicht wahr?) und trage zufrieden die blauen Scheine, die Barbara am Monatsanfang unter die Kaffeedose legt, nach und nach zum Edeka. Geld ist kein Problem zwischen uns, unberufen, das regelt sich locker.

Nun verdient Barbara gut, aber keineswegs übermäßig: Es ist wohl eher psychisch bedingt, daß wir beide, jede(r) für sich wie auch gemeinsam, Geldfragen nicht so wichtig nehmen. »Wir alle sind in Geldfragen durch das Verhalten unserer Eltern geprägt«, schreibt eine, die es wissen sollte. »Ob penible Sparsamkeit herrschte oder Großzügigkeit, ob Dauerstreit oder Tabuisierung, das wirkt in uns fort.« Victoria Felton-Collins ist aparterweise sowohl Psychologie-Professorin wie auch Finanzberaterin und Börsenmaklerin. In ihrem Buch »Paare und Geld« (Kabel-Verlag) gibt die Amerikanerin handfesten Rat bei Geldstreitigkeiten in der Ehe, die »unter den Reichen ebenso wie unter den Armen toben«. Interessante Fallbeispiele!

In Deutschland verwalten heute immerhin schon 52 Prozent der Paare ihr Geld gemeinsam, nur noch in jedem vierten Haushalt hat der Mann finanziell allein das Sagen. Das ergab eine Studie letztes Jahr. Der bedauernswerte Typ des Mütterchens, das ums Haushaltsgeld betteln muß, scheint ebenso im Verschwinden begriffen wie der des Patriarchen, der gnädig die Börse zückt. Sollte dieser irgendwo noch existieren, so schleudere ich hiermit Zwietracht in seine Nische: Fünf Prozent Ihres Nettoeinkommens, mein Herr, stehen gesetzlich Ihrer haushaltenden Frau als Taschengeld zu! Das wußten Sie nicht? Jahaa, ist aber so! Einklagbar, ebenso wie Haushaltsgeld »in angemessenem Umfang«.

Freilich, als finanzielle Anerkennung für die Arbeit einer kindererziehenden Hausfrau sind diese fünf Prozent ziemlich mickrig. Und außerdem, wer klagt schon gegen den Gatten, wenn nicht gleich wegen Scheidung? Trotzdem wäre es gut, wenn auch von Rechts wegen deutlich gemacht würde, daß eine Hausfrau Beachtliches leistet. In den meisten europäischen Ländern ist denn auch die Familie eine »Errungenschaftsgemeinschaft«: Was in der Ehe erworben wird, gehört

beiden, verkürzt gesagt. Wogegen in der deutschen »Zugewinngemeinschaft« er, der Verdiener, nur im Fall der Scheidung die Hälfte abgeben muß.

Juristerei hin oder her: Zwischen Bettpartnern müssen finanzielle Abmachungen vor allem menschlich funktionieren, per Einverständnis und Selbstverpflichtung, sonst helfen auch bessere, gerechtere Gesetze wenig. Gelungene private Regelungen gibt es vieltausendfach, vermute ich; hier ist ein Beispiel, das uns auch zum Hausmannsthema zurückführt.

Rolf und Doris sind gutsituierte Journalisten, 58 und 42 Jahre alt, ihre beiden Kinder sieben und zehn. Bislang hat sie halbtags gearbeitet, er voll, als leitender Redakteur. Kürzlich haben sie dieses Verhältnis umgedreht: Sie hatte ein vielversprechendes Angebot, das Vollzeitarbeit voraussetzte. Also hat er zugunsten ihrer Karriere beruflich zurückgesteckt und versorgt jetzt halbtags die Kinder. Sie verdienen unterm Strich genausoviel wie vorher, aber mit umgekehrten Vorzeichen: ♀ 10 000, ♂ 5000 Mark, brutto.

Weil Rolf »immer alles korrekt und präzise« haben und nicht jeden Monat die Hand aufhalten will (während Doris sich für Gelddinge kaum interessiert), hat er folgende Rechenart ausgeknobelt: Die fixen Gemeinschaftskosten wie Miete, Auto, Versicherungen halbieren sie und ziehen sie von ihren Nettogehältern ab. Danach bleiben Doris 5000, Rolf 1500 Mark. Die Differenzsumme von 3500 wird wieder halbiert, macht 1750, diesen Betrag überweist sie jeden Monat an ihn. So verfügen beide über je 3250 Mark. Davon bestreiten sie zu gleichen Teilen die laufenden Kosten für Haushalt und Familie.

»Daß ich jetzt Geld von der Frau kriegen soll«, sagt Rolf, »hat mich zuerst unsicher gemacht. Aber dann hab' ich mir gesagt, meine Arbeit zu Hause ist genausoviel wert.« Meine Rede, lieber Freund! Und wenn uns Hausmännern wieder jemand, offen oder hintenrum, mit dem häßlichen Ding vom »Ausgehaltenwerden« kommt, dann schütteln wir das ab, Rap-mäßig locker.

Sie hält ihn aus? Das hält er aus. Denn er hält haus, zwo drei. Weil er haushält, hält er aus, daß sie ihn aushält. *Yeah!*

LEA, BENIMM DICH!

*Erziehung zur Demokratie –
oder welche Tugenden hatte
Adorno im Sinn?*

In Hamburg können wir uns künftig leider auch nicht mehr blicken lassen, ich und meine Tochter. Sie will und will fremden Leuten nicht die Hand geben, und als wir neulich in der Redaktion bei Prettwitz von der Schlentzen waren, dem einflußreichen Blattmacher und Chefredakteur, gab es Ärger.

Ich hatte Lea mitgenommen, um ein bißchen mit ihr anzugeben, mich zu schmücken mit meinem hübschen Kind – wie man das gelegentlich macht als Vater oder Mutter, egoistischerweise. Aber diesmal hatte ich mich verrechnet. Da stand sie vor der ausgestreckten Rechten Prettwitz von der Schlentzens und bockte. Kopf weggedreht, Augen gesenkt, Hände auf dem Rücken. »Na, Lea, willst du mir nicht die Hand geben?« – Wortloses, kaum merkliches Kopfschütteln. – Rippenstoß meinerseits: »Lea, benimm dich!« – Böser Blick zu mir hoch: »Neinnn, Papa!« – Der Chef: »Also, das ist doch . . .!« Empört sah er mich an.

Ich stotterte Entschuldigungen, es war peinlich. Dies war nicht Schloapfading, wo Lea mich blamierte, dies war Hamburg, war P. von der Schlentzen! Preußisch-pommersch-lausitzscher Uradel und beruflich für mich nicht unbedeutend! In seiner Kinderzeit hätte es das nicht gegeben, sagte er scharf, da wäre er an Leas Stelle hart bestraft worden ... Mütze vom Kopf geschlagen ... eins hinter die Löffel ...

Aber da wurde *ich* bockig. Ich schob Lea hinter mich. »Prettwitz, wie hamma's denn?« erwiderte ich schneidend. »Sie würden doch wohl nicht ein Kind schlagen, hier und heute, weil es die Hand nicht gibt?« (Nach längerer Bekanntschaft siezen wir uns beim Vornamen: das »Hamburger Sie«). Er wollte etwas sagen, aber ich war schneller. »Sekundärtugenden!« rief ich. »Höflichkeit, Gehorsam, Sauberkeit, pah! Damit lassen sich Gefängnisse und Konzentrationslager betreiben, war es nicht Adorno, der das so richtig sagte? Erziehung zur Demokratie setzt ja wohl auf andere Werte!« – »Welche denn?« fragte er schlau, und mir wurde klar, daß ich mich weit vorgewagt hatte.

In Wahrheit ist es so, daß mich Leas Unhöflichkeit, dieses patzige Gebaren gegenüber Fremden selbst oft ärgert. Ich verstehe nicht, warum ihr das Handgeben so gegen den Strich geht, *contre cœur* ganz offensichtlich. Wenn ich andere Kinder sehe, Leas Freundin Lisa zum Beispiel, dieses Sonnenscheinchen, das jeden sofort mit seinem offenen Strahlen gewinnt (und ihren Eltern damit zur Zierde gereicht), dann frage ich mich, warum macht sich's mein Kind selbst so schwer (und blamiert seinen Alten?).

Aber solche Selbstzweifel kann ich doch nicht je-

mandem eingestehen, der gerade für Ohrfeigen plädiert! Dabei habe ich Lea einmal in ihren fast sechs Lebensjahren selbst einen Klaps auf die Wange gegeben. Sie war dreieinhalb. Sie hatte irgend etwas Unsinnig-Zerstörerisches trotz meines wiederholten Einspruchs, trotz angedrohter Watsch'n fortgesetzt. Ich sehe noch ihren erstaunten Blick: Haut der mich wirklich? Traut er sich das? Mal kucken.

Und siehe da: Er hatte sich getraut. Ihr Gebrüll war enorm gewesen, ich hatte sie erschrocken in die Arme genommen, was sie, Gott sei Dank, sofort akzeptiert hatte, und fünf Minuten später hatten wir das Ganze eher freudig, quasi als kleines Abenteuer rekapituliert. Fast war mir gewesen, als hätte Lea ihren immerbraven Papi für diese überraschende Tat ein bißchen bewundert.

Der Klaps hat unserem Verhältnis jedenfalls genützt, behaupte ich. Das Kind hört viel »Ja« von mir, akzeptiert aber ein unzweideutig intoniertes »Nein«. Ernste Machtkämpfe versuche ich zu vermeiden. Phantasie ist gefragt in der Erziehung, soviel habe ich in der Praxis mit Lea gelernt. Reaktionsschnelligkeit, Überraschungseffekte, ein abwechslungsreiches Repertoire von Verhaltensweisen helfen uns beiden weiter als sture Regeln. Ich weiß, daß sie Respekt hat vor meiner Autorität, bis dato; weiß freilich nicht, was später einmal kommen wird.

Im Chefbüro überlegte ich angestrengt. Was waren denn Adornos demokratiefördernde Primärtugenden gewesen? Da kam feinfühlig von der Schlentzens Sekretärin, Frau von Langenstein, herein, mit einer Tüte Gummibärchen, die sie Lea anbot. Ich hielt den Atem an. »Danke«, sagte Lea vernehmlich. Jetzt riskierte ich hohen Einsatz: »Lea, schenkst du dem Prettwitz ein Gummibärchen?« Sie überlegte. Dann holte sie eins aus der Tüte, sah kurz und prüfend zu ihm auf, klaubte ein zweites, ja noch eines heraus und hielt ihm drei Bärchen hin. »Empathie, Solidarität, lieber Prettwitz«, murmelte ich, »Kritikfähigkeit, Großmut, Ichstärke, Selbstbewußtsein . . .« Er holte sein Einstecktuch aus der Brusttasche, ließ Lea die Klebedinger darauf legen und plazierte das Ganze auf seinem Schreibtisch.

Im Nachgang zu dem Vorfall hat mir Prettwitz unlängst einen erstaunlichen kleinen Brief geschrieben. Es täte ihm leid, wenn er mich »und/oder Lea« mit seiner schroffen Reaktion auf ihre Grußverweigerung erschreckt haben sollte. Die Sache habe ihm so zu denken gegeben, daß er erwäge, mit seinen 58 Jahren nun doch noch Kinder haben zu wollen. Er denke an eins bis maximal vier. Er wolle in Sachen Kindererziehung nicht länger wie der Blinde von der Farbe reden, schrieb mein Freund Prettwitz von der Schlentzen.

DIE MAUS MIT DER SENDUNG

Warum Lea nur einmal in der Woche fernsieht (meistens)

Ich hasse mich zwar oft für meinen Fernsehkonsum und wäre prinzipiell für ein Verbot des Mediums jederzeit zu haben, weil es ja eigentlich eine Gemeinheit ist, daß man Menschen wie mich, die den ganzen langen Tag den Haushalt versorgen und ihr Kind entertainen und abends noch vorlesen und dann müde auf den Schlaf warten (den des Kindes), daß man uns Hausmänner und -frauen, zumal wenn sie wie ich an Werktagen die auswärts arbeitende Partnerin entbehren und die langen Abende allein mit sich verbringen müssen, eine Gemeinheit also, sage ich, daß man unsereinen abends um acht mit scheinbar unentbehrlichen Nachrichten vor das Gerät lockt, um uns dort dann bis elf oder zwölf mit Shows, Talks, Reports und Specials festzuhalten, während wir doch Sophokles, Montaigne oder die *Bunte* läsen, würden wir nicht derartig verführt, hineingesogen in die »Kloake«, wie Botho Strauß das Fernsehen einmal nannte, dessen antitelevisionistischer Furor vielleicht ähnlich begründetem Selbsthaß entspringt: Mal ehrlich, Botho, wie viele Stunden täglich glotzen Sie?

Aber andererseits bietet uns das strittige Medium jeden Sonntag um halb zwölf »Die Sendung mit der Maus«. Allein dafür verzeihe ich ihm kompensatorisch alle Schlechtigkeiten und mir deren Konsum. Mit meiner Tochter zusammen »die Sendung« zu sehen, gehört zu den ungetrübten Köstlichkeiten meines Vaterlebens. Wir setzen uns auf die Couch, Lea lehnt eng an mir, dann drückt sie die Sechs auf der Fernbedienung. Es müßte die Eins sein, ich weiß: Aber Barbara, die gern bügelnd fernsieht, hat einst, Blick fest auf dem Bildschirm, das heiße Eisen auf die Fernbedienung gestellt und dieselbe teilweise eingeschmolzen, was mich an meine Mutter, die passionierte Zeitungsleserin, erinnert, die mehr als einmal beim Frühstück zu unser aller Gelächter sich selbst den Kaffee neben die Tasse goß, weil sie die Augen nicht vom Leitartikel wenden konnte.

Aber ich schweife ab. Dam didl dam . . . die Kennmelodie. Lach- und Sachgeschichten . . . der Vorspann. Und dann erscheinen bald die zwei erfreulichsten Gestalten, die uns, behaupte ich, das deutsche Fernsehen überhaupt zu bieten hat: »der Christoph« und »der Armin«. Sie die Moderatoren dieser Sendung zu nennen, wäre beleidigend, so sehr verkörpern sie den Antitypus der Spezies: sympathisch faltig, sympathisch grauhäutig, sympathisch ungestylt. Wenig im Fernsehen ist ja schrecklicher als die quietschbunten Kopien von Erwachsenen-»Shows«, mit denen Kinder jeden Nachmittag zu TV-Konsumenten abgerichtet werden sollen, kaum etwas ist abstoßender als die geklonten

Kopien von erwachsenen »Moderatoren«, die diese Kinderprogramme exekutieren.

Kinderfernsehen – vergiß es! Auch Comics, Zeichentrickfilme, Tom und Jerry: Kann das genreübliche Wahnsinnstempo der Schnitte und der Action, dieses musikalisch noch verstärkte Hetzen von Höhepunkt zu Höhepunkt, kann das richtig sein für kleine oder auch größere Kinder? Ich glaub's einfach nicht, auch wenn es aus Sankt Disneys Werkstatt kommt.

Auch Lea wäre nach TV-Schrott leicht süchtig zu machen, wie wohl alle Kinder, das ist ja das Traurige. Das Beispiel der siebenjährigen Anja vor Jahren in der Wohngemeinschaft, die sich hysterisch auf den Boden warf, Panik in den Augen, wenn ihr die Mutter den Apparat abstellte, hat mich nachhaltig gewarnt, lang bevor ich selbst Vater wurde. Aber weil ich Fernsehen bisher nicht zur Gewohnheit habe werden lassen (für sie), fragt Lea nur ganz, ganz selten, ob sie einschalten darf. Wenn sie sich vorher draußen müde gespielt hat, wenn es gerade einen Tierfilm gibt oder vielleicht Sport (bloß keine »Kinder-Show«!): Meinetwegen, Kind, ich setz' mich zu dir. Nichts dergleichen im Programm? Dann lassen wir uns etwas anderes einfallen. Wir spielen, wir malen oder backen mal wieder ein Brot.

»Die Sendung mit der Maus« ist bald wieder rum. Lea liegt inzwischen mehr auf mir als auf der Couch. Selbstvergessen dreht sie eine Strähne meiner Haare um ihren Zeigefinger, während sie Käpt'n Blaubär beim Aufschneiden und seine drei Enkelbärchen bei ihren kessen Widerworten belächelt. Schön war sie heute wieder, die Sendung. Die Maus, die ja ein gutes Stück größer ist als ihr Freund, der Elefant, hat im Gehen Eis aus einer Waffeltüte geschleckt. Unter ihr hat der Kleine mit dem Rüssel aufgesogen, was spärlich durch die Tütenspitze getropft ist. Als die Maus das bemerkt hat, ist sie stehengeblieben und hat kurz überlegt. Dann hat sie die Spitze abgebissen. Jetzt ist es reichlich zum Elefanten hinuntergeträufelt, und beide sind einträchtig schleckend weitergegangen.

Die Maus mit der Sendung. Für einmal vermittelt das großmächtige Medium uns hier etwas von der Grundausstattung des Humanen: Tröstung, Hilfe, Lachen. Dreißig Minuten, einmal die Woche. Kleiner Vorschlag zur TV-Reform: Läßt sich »Die Sendung mit der Maus« auf vier Stunden täglich ausdehnen? Wenn nein, auf sechs Stunden?

MANCHMAL WIRD MIR SCHWINDLIG

Über die Tiefen und Höhen zwischen Kampenwand und Kanzleramt

Aufhänger dieser dilemmatösen Geschichte sollte eigentlich der Berliner Professor Peter Grottian sein, ein Politologe und Fachmann für Neuorganisation der Geschlechterrollen, der Barbara unlängst bei einem beruflichen Treffen auf ihre Frage »Wann kommt die erste Bundeskanzlerin?« eine erhellende Antwort gab. Aber nun überrascht uns hier im Voralpenland auf einmal dieses späte, wundervolle Winterwetter mit knietiefem Schnee – was sage ich: brusthohem, scheitelbedeckendem Schnee! –, mit romantisch rasenden Stürmen und gleißender Sonne: Da muß man sich als Vater eines umtriebigen Eskimomädchens nun wirklich wesentlicheren Dingen als der Kanzlerschaft zuwenden. Dem Bau eines Iglus zum Beispiel, groß genug für eine dreiköpfige Eskimofamilie samt Hund – keine ganz leichte Sache, zumal das Mädchen heftig bezweifelt, ob es okay ist, den fertigen Iglu mit einem Fleckerlteppich auszulegen. Hat der Papa wieder keine Eisbären gejagt!

Sodann darf ich natürlich bei solcher Wetterlage meinem schneenärrischen Kind das Skifahren nicht vorenthalten. Das ist die pure Freude für uns beide. An ruhigen Werktagnachmittagen (Freiheit des Hausmanns) fahren wir zusammen die Kampenwand ab, den Geigelstein, den Hochfelln, die Kleine folgend in der Spur des Großen – manchmal auch schon, hui, im Schuß an ihm vorbei. So ist das Leben. »Papa, war das für dich auch schön?« fragt sie auf der Heimfahrt, und ihr wissender, erwartungsvoller Blick im Rückspiegel rührt an mein Herz.

Unser Verhältnis wird immer enger, immer komplexer. Aus der ziemlich einseitigen Versorgungsbeziehung zum Kleinkind wird ein Gespinst von wechselseitigem Geben und Bekommen, von erfüllten und verweigerten Wünschen, Prätention und Täuschung auch, von Abhängigkeit hin und her. Manchmal wird mir schwindlig: In welche Tiefen, Höhen wird uns das noch führen? Womöglich bald auf den Wendelstein. Er bietet uns die längste Skiabfahrt Bayerns, achteinhalb Kilometer.

Ist ein paar Vätern da draußen jetzt der Mund wäßrig geworden? Seid Ihr schön neidisch auf die viele Freizeit eines Hausmanns, auf die Nähe zum Kind? Recht so, darauf wollte ich hinaus. Aber jetzt schäumt natürlich wieder die »Deutsche Hausfrauengewerkschaft«: Von der Freizeit einer Hausfrau offen zu reden, vom Spaß an der Freud', das gehört sich einfach nicht, gell? Stimmt ja auch – mit drei, vier kleinen Kindern, einem bettlägerigen Opa zu Hause und vielleicht noch dem Zwang, dazuverdienen zu müssen, tendiert die Freizeit der Hausfrau, des Hausmanns gegen null. Aber ich habe halt nur ein Kind, das vormittags im Kindergarten ist, niemand sonst braucht zur Zeit meine Pflege, Barbara verdient genug für die Familie: Ist mein Beispiel weniger typisch als das erstgenannte? Ich *habe* Zeit, genieße es nicht selten, vormittags Zeitungen zu lesen oder noch mal ein Stündchen zu schlafen, und behaupte, es geht vielen Hausfrauen genauso. Ein paar, die ich näher kenne, geben es sogar zu. Schamlos! Ruinieren den Mythos!

Sogar die Familienministerin, siehe da, Rönsch ihr Name, forderte kürzlich brandaktuell »ein Umdenken der Väter im Hinblick auf die Aufgabenteilung innerhalb der Familie«, »mehr Teilzeitarbeitsplätze auch für Männer« sowie »die feste Verankerung von Familienfragen in den Betrieben«. Total am Puls der Zeit, die Frau; aber ich sollte nicht darüber spotten. Ist wohl wirklich ein gutes Zeitzeichen, wenn solche Appelle jetzt auch aus Bonner CDU-Ministerien tönen. Teilzeit, Teilzeit schallt der Kuckucksruf allenthalben. Fast jede(r) zweite Angestellte (48 Prozent) ist zur Teilzeitarbeit bereit, nicht nur bei uns in Deutschland, sondern auch in Frankreich, Großbritannien, Italien und Spanien. Sagt eine französische Umfrage, sagt die *taz*.

Und was sagt Professor Peter Grottian? Eine Bundeskanzlerin, sagte er zu Barbara, interessiere ihn eigentlich wenig, solange die auch nur wieder ihre Sechzehn-Stunden-Arbeitstage und ansonsten das Leben aus Aktenvorlagen kenne. In Teilzeitarbeit sieht auch

Grottian eine Chance zur Demokratisierung von Familien- und Gesellschaftsstrukturen, und zu ihrer Durchsetzung hofft er auf einen künftigen »Produktfeminismus« der Konsumenten, die ähnlich wie in Sachen Umweltschutz dann ihren Joghurt gezielt von Firmen kaufen, in denen es Frauen im Vorstand gibt, Kindertagesstätten und familienfreundliche Arbeitszeitregelungen.

Also wäre eine Teilzeitbundeskanzlerin, ein Teilzeitbundeskanzler wünschenswert? Genau das, meint Grottian: »Vielleicht in einer anderen Welt.«

Dort treffen Lea und ich dann beim Skifahren die bayrische Ministerpräsidentin, mit ihren Kindern, auf der Kampenwand, am Mittwoch nachmittag um zwei. Wie wär's, Frau Hohlmeier?

APRIKOSE IN DER HOSE

Witze und Scherzfragen –
Leas galoppierender Spracherwerb

Dada. Lala. Mama Ball! Beebie? Wau-wau! Eiei. Eiei, Kacka! Erwachsene ohne Kinder begeben sich bitte zu den Ausgängen, wir sprechen heute über das Thema »Kindermund«. Nur für Eltern geeignet! Alle anderen geflüchtet? Gut. Dann drehen wir jetzt erinnerungshalber die Lebensuhr ein paar Jährchen zurück.

Anruf eines gewissen Hausmanns im Büro seiner Gattin. Dringendes Ferngespräch; die Gattin wird aus einer Konferenz geholt. »Du, stell dir vor, gerade vorhin hat sie Lala gesagt!« – »Nein . . .! Echt . . .? Bist du sicher?« – »Ja, eindeutig! Lala!« – »War's nicht eher Dada? Wie letzte Woche?« – »Nee, du, es war Lala, glaub's mir, wegen Dada würd' ich doch nicht extra anrufen.« – »Stark! Lala! Kannst du mir's mal vormachen?«

Schnitt: ein Jahr später. Der Hausmann sieht nach seinem Kind, das verdächtig geräuschlos im Wohnzimmer weilt. Er findet es vor dem Wandschränkchen mit den Süßigkeiten, das es zum erstenmal selber öffnen konnte. Das Kind ist aufs reizendste eingesaut mit warmweicher Schokolade. Unangenehm überrascht vom Anblick des Vaters schleudert es diesem entgegen: »Verwinde, aber nell!« Der Vater realisiert: Mit dieser Kleinen hat er von nun an auch sprachlich zu rechnen.

Schnitt: die Gegenwart. Lea ist inzwischen fast sechs. Ihr Sprachvermögen hat sich gut weiterentwickelt, verfeinert, darf man behaupten, ja geradezu sophistiziert: »Papa, sag mal Haushalt ohne s!« Papa tut's und kriegt eins hintendrauf. »Papa, kennst du den Witz, wo die Dummen immer nein sagen?« – »Nein. Ach sooo!« Glückliche Schadenfreude.

Witze und Scherzfragen sind das Neueste beim galoppierenden Spracherwerb meines Kindes. Sie entbehren meist jeder Komik, sind außerdem gern rassistisch, diskriminierend und fäkalfixiert: Was will man mehr als kultiviert-sensibler Vater? Als Beispiel offeriere ich hier, zögernd, folgenden Dreiteiler im Originalzitat. »Papa, weißt du, warum die Ostfriesen immer die Tür aushängen, wenn sie aufs Klo gehen? – Damit keiner durchs Schlüsselloch schauen kann. Weißt du, warum die Chinesen immer runde Häuser haben? – Damit sie nicht in die Ecken pinkeln können. Weißt du, warum die Chinesen immer Ketchup mit aufs Klo nehmen? – Damit die Würstchen besser schmecken.«

Ha, ha. Mit dieser Art Humor muß man nun wohl eine Weile leben. Trost spendet die Einsicht, daß auch derartige Zoten dem Kinde helfen, sich sprachlich-geistig in der Welt einzurichten – hier: Doppeldeutigkeiten einzuordnen, Ironie und Übertreibung zu erkennen. Während das obige Beispiel für mein Empfinden sehr nach erwachsenen Erfindern riecht, bringt Lea auch immer wieder Sprüche und Reime mit, die in ihrer absichtslosen Absurdität wohl wirklich nur von Kindern stammen können. *Darf ich's wagen, Sie zu fragen, wieviel Kragen Sie getragen in die Hauptstadt Kopenhagen. – Zehn Zigaretten hupfen in die Betten, hupfen wieder raus, und du bist raus.* Oder, zu hören auf jedem Kindergeburtstag: *Happy birthday to you, Marmelade im Schuh, Aprikose in der Hose, happy birthday to you.*

Woher kommt ein solches Sprachjuwel? Wohin geht es? Kinderverse verbreiten sich mündlich wie der Wind von Stadt zu Stadt, über Länder und Kontinente, behaupten die Forscher. Und welche Funktion haben sie? An Lea beobachte ich die schiere Lust an Reim und Rhythmus. »April und Mai und März, das ist ein großer Scherz«, hat sie neulich in korrekten Jamben immer wieder gemurmelt. Zur Zeit versucht sie, die kryptische Zeile ». . . und die blonde Stewardeß hatte meinetwegen Streß« wie eine Rapperin so schnell und rhythmisch wie möglich auszustoßen – ein Vers, dessen Herkunft mir schleierhaft ist.

Außerdem liebt Lea natürlich wie jedes Kind alle Sprüche, die uns Erwachsene verhöhnen, uns Große erniedrigen, uns Angstmacher provozieren. Wunderbar geht das nach dem Muster: »Papa, sag mal rot. – Rot. – Vollidiot! Sag mal Wolle: Arschkontrolle! Wald: Deine Unterhose knallt! Klettergerüst: Hast 'ne nackte Frau geküßt!« – Und so weiter. Grenzenloses Vergnügen (das ich ihr herzlich gönne).

Es wird jetzt eh bald sprachlich alles ernster: Lea

WALD
KNALLF
ROT
Idiot

lernt lesen. Fasziniert von sich selbst, pirscht sie sich Buchstabe für Buchstabe an die ersten Wörter heran, millimeterweise öffnet sich das Tor zur gewaltigen Welt der Schrift. Bald werde ich ihr nicht mehr vorlesen. Bald, wenn sie selber liest, wird sie nicht mehr dicht und dichter an mich heranrücken, als ob sie hineinkriechen wollte in das Buch und in mich als dessen Verlängerung. Wenn sie liest, habe ich mehr Zeit für mich und meine Bücher! Weiß gar nicht genau, ob mir das lieber ist.

SCHLUSS MIT DEM DILEMMA!

Wäre symmetrische Elternschaft eine Lösung für die Zukunft?

Zunehmender Dreiviertelmond, Anfang April. Oben am Waldrand, wo ich ganz allein heut abend sitzen darf, weil mein Kind aushäusig übernachtet, ist es in der Dämmerung fast windstill. Schwach zieht drunten in Schloapfading der Rauch über die Dächer. Von Arwlfing her ruft die Glocke zum Kult. Den ganzen Tag lang sind heute die Bauern wie angestochen über ihre Felder gebrettert. Wenn das Wetter im Frühjahr endlich paßt, machen sie alle gleichzeitig das gleiche: Kalk streuen, Wiesen eggen, säen, walzen. Aus der Ferne unterscheiden sie nur ihre Bulldogs. Lamborghini. John Deere. Fiat. Zetor, der tschechische, zu dem ein Nachbar »mei' Zärtl« sagt.

An Äquinox vor zwei Wochen bin ich hier oben mit Lea gesessen und habe angesichts der sinkenden Sonne versucht, ihr die Tagundnachtgleiche zu erklären: Genau da hinter dem kleinen Wäldchen am Horizont wird die Sonne genau in einem halben Jahr wieder untergehen, und genau da ist Westen ... Aber mein Kind war in Gedanken noch ganz bei dem toten Reh, das wir weiter unten gefunden hatten. Ein kleines, scheinbar unverletzt. Es hatte noch nicht lange da gelegen, erst Augen und Maul waren weggefressen.

Seit ich Vater bin und dieses Kind an meiner Seite wächst, wächst in mir die melancholische Einsicht ins Zyklische des Lebens. Der Mond, die Jahreszeiten, das schmutzige Geschirr, Geburt und Tod. Seit sie da ist, die Kleine, die kleine Große, in ihrer Schutzbedürftigkeit, ihrer gleichsam unbedruckten Empfindsamkeit, bin ich selbst sterblicher geworden, scheint mir manchmal. Zerbrechlicher als früher. Vielleicht kommt das einfach so, wenn man sich darauf einläßt, Leben großzuziehen und zu schützen. Lea auf der Autostraße, Barbara im Flugzeug: Man könnte ja auch allein leben, ohne Kind und Frau (und Hund und Katz'). Dann müßte man bloß um sich selber fürchten. Die Möglichkeiten akuten Unglücks wären reduziert, aber auch mögliches Glück und Entzücken.

Mit der 24. Folge ist auch »Hausmanns Dilemma« einmal fast ganz ums Jahresrad herumgekreist. Rein dodezimalmystisch betrachtet, ist die 24 eine tadellose Zahl; lassen wir's gut sein damit. Es fing vor zwölf Monaten damit an, daß Barbara Freitag abends wie üblich von ihrer Arbeitswoche in der Großstadt heimkam und in erschreckenden Lettern den Satz »ICH KÜNDIGE« auf den von mir niedlich gedeckten Küchentisch knallte, erinnern Sie sich, geschätzte Leserschaft? Am Küchentisch hat sich seither trotzdem nichts geändert und nichts an unserem Rhythmus, unserer Arbeitsteilung. Aber: Die Mutter, die Berufsfrau, die finanzielle Versorgerin der Familie möchte, *daß* sich

etwas ändert. An *ihrem* Dilemma. Sie will mehr mit ihrem Kind zusammensein, und es strapaziert sie zunehmend die Doppelbelastung: während der Woche als Professional im Büro, am Wochenende als Mami und Hausfrau daheim. (Aber das im Detail zu schildern ist nicht meine Sache; wird B. die nächsten 24 Folgen schreiben?)

Vielleicht werden wir also künftig unsere familiäre Kleinzelle etwas anders organisieren. »Symmetrische Elternschaft« heißt die wünschenswerte Utopie, und da wir beide denselben Beruf haben, sind wir von ihrer Realisierung womöglich gar nicht so weit entfernt. Wir könnten uns, ebenso wie Haus- und Kinderarbeit, auch einen Journalistenjob regelrecht teilen. »*Buy one, get one for free*«, wie unser aller Bill über sich und Hillary so schön sagte.

Daß Arbeit und Geld knapper werden und neu verteilt werden müssen, verkünden ja immer mehr Fachleute: Job-sharing! Teilzeitarbeit! Daß die Familie neu organisiert gehört, weil die wenigsten Frauen mit der ausschließlichen Mutterrolle zufrieden sind, das haben viele Frauen sowieso schon für sich geregelt. Also, Männer, wäre es nicht an der Zeit, das gesellschaftlich Nützliche (weniger arbeiten und verdienen) mit dem persönlich Angenehmen (mehr Zeit für Heim und Kinder) zu verbinden? Oder findet jemand die Aussicht, am Herd zu stehen mit den Kids am Bein, gar nicht sooo angenehm?

Keine Sorge! Bei symmetrischer Elternschaft müssen/dürfen Sie ja nur die halbe Zeit Kartoffeln kochen und mit den Kleinen schmusen, die andere Zeit dürfen/müssen Sie weiter wichtig sein im Berufsleben. Vor allem aber werden Sie allein daheim mit den Kindern das erleben, was ich den Säugetiereffekt nenne. Der selbständige, unbeobachtete, nicht von der Mama dirigierte Umgang mit den eigenen Kindern wirkt Wunder im Manne. Mann wird »mütterlich«, soviel weiß ich.

Und schadet ihm das? Nützt es ihm? Kommt ganz darauf an, welche Männer, welche Gesellschaft wir wollen. Vergessen wir jedenfalls nie die eine tiefe Wahrheit: Der beste Freund des Menschen ist die Frau.

John Astrop

Mein Sternchen

Ein astrologischer Wegweiser für Eltern

Eine Serie von 12 Geschenkbüchlein - für jedes Sternzeichen eines.

Unterstützt von liebevollen farbigen Illustrationen beschreibt jeder Band von „Mein Sternchen“ die Persönlichkeitsentwicklung von Kindern. So können Eltern lernen, ihre Sprößlinge besser zu verstehen - z.B. wie passen elterliche Sternzeichen zu denen ihrer Kinder.

80 Seiten, durchgehend farbig illustriert, gebunden

HOFFMANN
UND CAMPE

Joseph von Westphalen im dtv

Foto: Isolde Ohlbaum

Im diplomatischen Dienst
Roman · dtv 11614

Frauenliebhaber Harry von Duckwitz ist unangepaßt, zynisch, unpolitisch – und ausgerechnet Diplomat geworden. Leben und Wirken dieses schrägen Vogels in diplomatischen wie auch weiblichen Kreisen in einem unterhaltenden und scharfzüngigen Schelmenroman.

Das schöne Leben
Roman · dtv 12078

Ex-Diplomat Harry von Duckwitz versucht den Zusammenbruch seines Vielfrauenimperiums zu verhindern und eine neue Weltordnung zu schaffen.

Das Drama des gewissen Etwas
Über den Geschmack und andere Vorschläge zur Verbesserung der Welt
dtv 11784

Eine einzigartige Definition des guten Geschmacks, die hohe Kunst des Seitensprungs, eine Anleitung für Führungskräfte – diese und andere elementare Bereiche des Daseins finden sich in den Geschichten von Joseph von Westphalen meisterhaft und lästerlich kommentiert.

Dreiunddreißig weiße Baumwollunterhosen
Glanz und Elend der Reizwäsche nebst sonstigen Wahrheiten zur Beförderung der Erotik
dtv 11865

Zeugnisse des deutschen Geistes.

Das Leben ist hart
Über das Saufen und weitere Nachdenklichkeiten zur Erziehung der Menschheit
dtv 11972

Über Ärzte, Broker, Photomodelle und andere Helden unserer Zeit.

Die Geschäfte der Liebe
dtv 12024

Bissige, boshafte und brillante Geschichten über Liebe, Talkshows, Buffets und andere Bereiche des Lebens.